AVEC TOUTES MES SYMPATHIES

Olivia de Lamberterie est rédactrice en chef à *Elle*, chroniqueuse littéraire à « Télématin » sur France 2 et au « Masque et la plume » sur France Inter. *Avec toutes mes sympathies* est son premier livre.

OLIVIA DE LAMBERTERIE

Avec toutes mes sympathies

STOCK

ISBN : 978-2-253-25942-8 – 1re publication LGF

Pour Florence, Juliette et François
Pour mes parents et mes sœurs

Paris, automne 2015

J'ai perdu mon frère. Cette expression me semble la plus juste pour parler de toi aujourd'hui. Où vont les morts ? Un matin recouvert d'une fine pellicule de tristesse, j'allume mon ordinateur, à *ELLE* où je suis journaliste, afin de lire mes mails et ces mots apparaissent en gros caractères sur mon écran : « Découvrez le nouveau poste d'Alexandre de Lamberterie. » Cette phrase surgie de je ne sais où, d'un ailleurs plus doux j'espère, me saisit. Tu es mort depuis plus d'un mois. J'ouvre le message envoyé par le réseau professionnel LinkedIn, où je me suis inscrite une après-midi de résolution – depuis, je ne suis jamais retournée sur le site, l'histoire de ma vie, en être ou ne pas en être. Je clique et tombe sur une photo de toi, barbe, cravate, chemise noir et blanc Club Monaco que ta femme, Florence, m'a offerte après ta disparition, douce armure rayée dans laquelle je me réfugie les jours mauvais. Tu es beau, grave, ton regard est déjà intranquille, on dirait une maison vide. « Art Director, Visual Presentation, Assassin's Creed. Région de Montréal, Canada. » Vertige sur ma chaise de bureau. « Envoyez un message », peut-on lire dans un petit cadre bleu. Je jette ces mots : « Où es-tu ? »

Tu es mort le 14 octobre 2015.

Je voudrais tellement savoir où tu es. Juste pour être sûre que tout va bien. Alors, avec ton bonnet bleu marine en cachemire sur la tête, pour me donner l'illusion que nos cerveaux se touchent, j'écris afin de retrouver ta trace dans un ciel de traîne. Nous nous sommes quittés, moi en perfecto et toi dans une boîte partant au feu. Le bruit de ferraille m'écorche encore les oreilles. Où es-tu, mon frère terrible ? Pas loin mais pas là. Pas là mais pas loin. J'aimerais t'imaginer directeur artistique du paradis, buvant des coups avec un bon Dieu joufflu, chauve et barbu, sorti d'un paradis du commerce comme sur les dessins de Jean Effel dont nous regardions les albums chez grand-père Serge, lorsque nous étions enfants. Tu leur créerais un logo magnifique « EDEN, Bienvenue chez vous », un peu comme celui que j'ai repéré dans ton dernier carnet. Tu avais dessiné des tee-shirts marqués d'un TAG, Trouble Anxieux Généralisé. L'acronyme, découvert à ton sujet alors que tu étais en hôpital de jour, avait dû te plaire. J'aimerais t'imaginer taguant l'horizon, transformant les nuages en têtes de mort, mais je n'y arrive pas. Pas assez catho ou pas assez dingo. Où voles-tu mon frère *never more* ?

Je pars à ta recherche.

Le lendemain, un matin froissé de papier de soie, j'ouvre mon ordinateur, guette ta réponse parmi mes mails.

— Stop gros ventre, des résultats en seulement quinze jours grâce aux anneaux magnétiques amincissants.

— Chère madame, nous vous avons envoyé notre livre *La vie offre toujours une troisième chance, il suffit de la saisir*, quand comptez-vous en parler ? Il y a un très beau personnage de femme qui nous semble très adapté à votre lectorat, bien à vous, etc.

— Chère Olivia, j'ai appris que John Irving venait à Paris, j'adorerais le rencontrer, etc.

— Chère Olivia, je t'envoie le roman d'Annie Ernaux, etc.

— Chère Olivia, as-tu eu le temps de lire le nouveau polar de…

— Enfin la solution définitive contre les hallux valgus.

— Préparez vos obsèques, épargnez vos proches.

— Chère madame, je viens d'écrire un ouvrage sur mon chien malheureusement décédé. Des gens de mon entourage m'ont convaincu de vous soumettre ce texte afin de trouver un éditeur. Mon beau-frère a fait la mise en page et ma fille, élève des beaux-arts à Toulouse, a réalisé la couverture, d'après photo, que j'espère vous apprécierez. Merci de me donner votre sentiment.

— Découvrez les avantages du monte-escalier.

— Vous avez dû recevoir un récit auquel je tiens beaucoup sur la fin de vie, mais rassurez-vous, le ton est très optimiste ! J'oserais dire qu'on y rit même beaucoup, je sais que vous êtes très sollicitée mais une critique nous aiderait beaucoup...

— Épilation des poils pubiens : attention danger !

— Alerte BFMTV : Un homme en fauteuil roulant se lève pour poursuivre son ami avec une hache.

— Myriam, médium de mère en fille, répond à toutes vos questions.

— Chère Olivia, je vous ai envoyé *Aurora et le mystère du manoir sauvage*. Je sais que vous allez me dire qu'il ne colle pas forcément à la cible de votre magazine, mais on ne peut enlever à son auteur un indéniable savoir-faire, non ?

— Salut Olivia, quelqu'un fait John Irving ?

Avez-vous reçu ? Avez-vous lu ? Avez-vous pensé ? Avez-vous aimé ? Au secours. Je dégueule les personnages féminins, j'ai perdu ma tête, ton absence m'a enlevé le goût de lire. Ces échappées dans les mots des autres me détournent des miettes de ta réalité que je traque dans les recoins de mon quotidien, une lettre oubliée, une assiette adorée comme une relique de sainte Véronique. Je voudrais vivre, ivre de vin pétillant, au son de tes cinquante chansons préférées, retrouvées dans ton ordinateur après ta mort, me gorger de « La chaleur » de Bertrand Belin que tu as écoutée le 9 octobre 2015 à 1 h 44, heure québécoise. Avec la musique, tout revient et tu reviens un peu.

Marre de ce blablabla, des spams, à croire que je suis vieille, un pied dans la tombe et l'autre – obèse – qui glisse, je suis presque heureuse d'avoir encore des poils pubiens. Pas de réponse de toi. J'hésite à envoyer un mail à Myriam, voyante de mère en fille qui a des réponses à toutes mes questions. Saurait-elle répondre à la seule qui m'importe : où es-tu ? Suis-je devenue perchée, c'est l'unique message qui m'intéresse ce matin. *Bon alors, Myriam de mère en fille, il est où mon frère ?* Le reste ? Envie de rien, ou de t'imiter. À un retour de vacances, toi, directeur artistique d'Ubisoft, l'entreprise de jeux vidéo où tu travaillais à Montréal, tu avais effacé tes dizaines de mails et proposé à tes *collaborateurs* – un mot de notre père, courtier d'assurances, quand nous étions petits : « Un collaborateur m'a assurée ce matin dans l'ascenseur que j'avais maigri. Eh bien, mes enfants, rien de plus faux, ça s'appelle de la flatterie » –, tu leur avais proposé, avec la gentillesse qui était ton fort : « J'ai effacé tous vos mails, si vous avez quelque chose à me dire, ma porte est grande ouverte, je vous attends. »

Ma vie de critique littéraire. Ce drôle de métier me fait penser à *L'Amour en fuite*, le seul film un peu raté de François Truffaut, mais je l'aime quand même, pour la voix de Marie-France Pisier et la chanson d'Alain Souchon, dont l'exquise mélodie m'a portée lorsque j'étais défaite : « *Toute ma vie, c'est courir après des choses qui se sauvent.* » Dans une gare, le héros, Antoine Doinel, dit au revoir à son fils. Le petit Alphonse, coiffé à la manière de François Ier, est déjà monté dans le train quand son père lui crie quelque chose par la fenêtre du couloir – une fenêtre pouvait encore être ouverte ou fermée dans un train. Avec sa drôle de diction, comme s'il prononçait une homélie, Jean-Pierre Léaud sermonne son enfant : « Pense à faire ton violon, car si tu étudies bien, tu seras un grand musicien, mais si tu ne travailles pas, tu seras critique musical. »

J'ai pourtant bossé jusqu'à plus soif, mais je suis critique littéraire. Je lis comme je respire, j'ai mes rituels, je commence par la page 66 pour voir si l'ouvrage en vaut la peine, puis je dévore. J'adore cette existence parallèle, cette réalité augmentée. Lire est l'endroit idéal pour qui évolue, comme moi, dans un entre-deux. Entre le shampoing antipoux dans les cheveux de mes fils et *L'Appel de la forêt*. Entre l'ouaté de mon enfance et l'intrépidité de mes choix. Entre mes amies plus jeunes et les hommes plus vieux que j'ai aimés, à force, je ne sais plus quel âge j'ai. Entre mon identité socialement programmée et celle que je me suis inventée. Ni tout à fait bourgeoise, ni tout à fait bobo. Peut-être juste aristo, cette appellation non contrôlée suscitant tant de fantasmes en société et si peu de commentaires dans notre famille.

La généalogie servie aux invités avec le cognac en fin de repas, les ancêtres du Moyen Âge, les miens s'en balançaient comme de l'an quarante. De ce nom que certains jaloux vous font porter comme une couronne d'épines – « T'as pas besoin de travailler, toi ! – Ben non, couillon, je regarde mes domestiques compter mes louis d'or » –, de cette particule élémentaire égarée dans un siècle heureusement pour tous subsistait une chevalière vissée dans la chair de l'auriculaire de mon père (ma mère, elle, avait égaré la sienne) et la fameuse cuillère en argent dans la bouche – chez nous gravée à nos initiales pour notre baptême –, dont on oublie trop souvent que, coincée dans le gosier, elle empêche de parler. Est-ce pour cela que, dans notre famille, les mots ont tant de peine à sortir, et que les maux, nous les planquons sous les oreillers à taie impeccablement repassée ? Chez nous, on souffre avec un devoir de réserve.

Très jeune, j'ai choisi de faire quelques pas de côté, vers des arrondissements moins cravatés que le seizième où j'avais grandi, où la pensée avait l'air plus libre et les hommes plus drôles. De m'affranchir d'une vie déjà écrite par les générations précédentes : des études, un époux choisi dans le sérail, des enfants et un boulot jusqu'au petit troisième. Aucune fille de mon *milieu* n'a eu d'enfants sans être mariée, c'est dire, c'est dingue, je ne suis pas un perdreau de l'année mais tout de même, c'est toujours ainsi que l'on se reproduit dans les beaux quartiers. Alors, évidemment, quand on surprend l'ordre établi en étant enceinte à vingt ans d'un homme contemporain de son père, pour une grande part de cette foule préhistorique, on devient une fille-mère.

Françoise Giroud m'avait confié lors d'une interview que, dans les mêmes *circonstances*, appréciez l'euphémisme, alors qu'elle attendait un enfant sans être mariée, on l'avait traitée de putain. J'ai de la chance, ma famille n'a jamais prononcé un mot de travers. « Un enfant, c'est toujours une bonne nouvelle », a affirmé mon père en apprenant les *circonstances*. Mes parents m'ont soutenue sans faillir. Reste que, lorsqu'on déroge à ces règles vivaces, l'existence vous présente la note une belle matinée de soleil, alors qu'on bronze toute seule, à la terrasse d'un café, à côté de sa poussette. J'ai été rayée des agendas d'amis avec qui j'avais grandi. De sales cons, confits dans l'illusion qu'ils méritaient leur destinée facile, mais, pour les affronter, il fallait que je sois costaud, et ce n'est pas mon fort. J'en suis restée plus d'un instant ahurie. Puis j'ai pris le large avec mon bébé, je me suis inventée de bric et de broc, j'ai vécu avec les moyens du bord, travaillé jusqu'à m'en étourdir. Mon amertume s'est évaporée dans des volutes de cigarettes. Si je les croise aujourd'hui, ces faux amis me flattent l'échine. La minuscule célébrité que je dois à mes chroniques à la télévision est un attrape-couillons.

La lecture est l'endroit où je me sens à ma place. Lire répare les vivants et réveille les morts. Lire permet non de fuir la réalité, comme beaucoup le pensent, mais d'y puiser une vérité. L'essentiel pour moi est qu'un texte sonne juste, que je puisse y discerner une voix, une folie ; je n'aime pas les histoires pour les histoires, encore moins les gens qui s'en racontent. Je n'ai pas besoin d'être divertie, mes proches s'en chargent, je me fiche d'apprendre. J'aime être déstabilisée, voir avec d'autres yeux. Et puis, lire autorise à être là sans être là. Je ne suis pas obligée de répondre au téléphone et de répondre à des questions. Je m'ennuie rarement, mais je ne juge pas la vie de tous les jours si intéressante avec son cortège d'emmerdements et de machines à laver à faire tourner. Je me noie dans les phrases des autres, moi, si souvent incapable de prononcer un mot. Je m'étourdis de leur sonorité et de leurs frottements de silex. La poésie m'enivre de son étrangeté.

18

Je déteste ces grands discours presque tout faits, je lis parce que j'aime ça. Pour juger l'importance d'une chose, j'imagine son contraire. Je ne pourrais pas me passer de livres. Et puis les écrivains sont de bons compagnons, les éditeurs et les attachées de presse aussi. Mais, depuis quelque temps, BAM ! comme hurlent mes fils. J'ai l'impression qu'un sablier est posé sur mon bureau. Projette son ombre sur les pages que je tourne. J'aurais donc passé ma vie à dévorer celle des autres. Le métier de lire ?

Les matins blancs se suivent et se ressemblent. Pas de message de toi, mais des signes surgis de je ne sais quel outre-tombe. Je reste des heures sur Facebook à me nourrir des messages postés par tes amis dans le groupe créé par Florence juste après ta mort, « Bye Alex ». J'ai un compte mais je ne me connecte guère. Je suis une femme préhistorique, j'habite le papier. Sur les réseaux sociaux, je suis une poule devant un couteau électrique. Je réalise qu'on peut traîner sur Facebook comme dans les rues, un dimanche à Paris, et au milieu de centaines d'avez-vous reçu/avez-vous lu, je découvre un message envoyé par toi, l'année dernière : « Écris ton livre. »

J'ai envie de pleurer. Je rembobine les mois à la recherche de l'instant où tu t'es assis devant ton ordinateur pour m'envoyer cet ordre sans appel et sans commentaire. Tu l'as posté après que je suis venue vous rendre visite à Montréal. Nous avions passé des verres et des verres, assis dans ta véranda, les mots n'en finissaient plus de couler à tenter de nommer ce goudron obscurcissant nos sorts heureux, cette mélancolie qui te laissait moribond plus d'un quatre matins. Nous avions pareillement conscience de nos privilèges et de notre impuissance. Quelle était la nature de cet invisible héritage lestant nos aubes avant de se dissoudre dans le rythme forcené des journées, toujours susceptible de resurgir au petit malheur la chance ? « Ce truc qui nous cloue, tu devrais l'écrire, raconte-le, toi, d'où on vient. Si tu le fais, quelque chose pourra changer. »

Oui, je vais m'y coller, pour toi, pour moi, Des années que je tourne autour, que j'avale des bibliothèques pour repousser l'échéance. Encore un roman à lire, monsieur le bourreau. Les mauvais écrivains me volent ma vie.

Nous avions parlé de cette envie d'écrire, mêlée à la peur de se jeter dans le vide, de passer de l'autre côté, la dernière fois que je t'ai vu. Quel jour était-ce, je l'ignore, comment aurais-je pu imaginer que nous vivions notre heure ultime, dans la même pièce, dans le même sanglot ? Tu disais qu'il n'y avait plus d'espoir.

C'était à Montréal, fin juillet, tu étais chez les dingos. Et tu m'avais affirmé avec la gravité d'un conseil auquel je ne pourrais pas échapper : « Il faut vraiment que tu fasses ce livre, ma sœur. » Et tu avais ajouté – l'air de rien, comme si tu me demandais : « N'oublie pas de m'apporter mes chaussettes bleu marine, tu sais, celles que j'aime » –, tu m'avais confié : « Moi aussi j'aimerais écrire. Mais il faudrait que je prenne un pseudo. » Je n'ai pas relevé l'étrangeté de ce conditionnel, je ne t'ai pas interrogé. Quel secret avais-tu à déclarer, si rude qu'il t'aurait obligé à changer de nom ? Nous avons déjà tous les deux sabré nos prénoms, toi en Alex, moi en Olive, empruntant des identités plus brèves, sinon plus légères, que celles de notre état civil. Je suis touchée, depuis ta mort, notre sœur aînée signe ses mails « Caro », affectueuse connivence.

Voilà, je vais éclaircir ce sang noir coulant dans nos veines.

Lu sur ton dernier carnet de notes : *Je me nourris de l'amour des gens.* Aujourd'hui, je me nourris, un peu, de l'amour que tu avais pour moi, beaucoup de l'amour que j'ai pour toi. Il me porte, me guide pour essayer de changer de vue, à défaut de vie. Impression d'être un hamster dans sa roue. Comment échapper à ces journées qui me rincent, jusqu'à délayer mes idées chagrines ; le soir, exsangue, la sidération est moins grande. Les heures sont devenues grises. Je suis toute molle. Une seule envie : prendre la tangente loin de Saint-Germain-des-Lettres, où j'ai mon rond de serviette depuis tant de rentrées littéraires. Trop de boulot, comme d'habitude, mais ma vacuité me semble mise à nu. J'ai les tripes à vif. La vie matérielle prend toute la place.

Je ne sais pas comment font les gens. Hier, une fille m'a expliqué : « Ce week-end, j'envoie les enfants chez mes parents et je m'autorise à faire une formation de tango argentin. » Mais ne peut-elle pas dire simplement qu'elle a envie de danser ? Tout le monde parle comme dans un livre de développement personnel. Tout le monde s'autorise. Prend des cours de yoga. S'estime. Organise des événements participatifs, des dîners végan, des concerts avec les voisins. Se ressource. Moi, je bouffe du gluten et je ne me sens pas appartenir à cette foule cent pour cent bio, juste l'observer en spectatrice perfide. La rédemption par la méditation, la *slow life*, très peu pour moi. Au contraire, je rêve avec des mots crus. J'ai soif d'une violence à la mesure de celle que je ressens depuis ta disparition. J'ai envie de hurler et de m'engueuler avec le premier venu, de cracher leur bêtise à ces gens qui s'y croient. De balancer ton suicide et un rôti de bœuf bien saignant dans leur gueule végétarienne. Ils me semblent si étranges, ces bien-nourris, affairés à chérir leur intestin comme si la mort n'existait pas. Il sera écolo leur cercueil ?

Un rien m'entame, un rien m'enchante, ai-je coutume de dire. La bonne blague, tout m'entame. Ma tête est folle et pleine d'effroi. Dans une interview pour le *New York Times*, Emmanuel Carrère affirme qu'on ne doit écrire que les histoires que personne d'autre ne pourrait écrire. Ce legs immatériel que tu m'as laissé vaut de l'or. Ce truc si important pour moi, oser, moi douteuse de tout et d'abord de moi-même. Ce livre qui n'aurait jamais dû exister, puisque tu n'aurais jamais dû mourir.

Cadaqués, été 2015

Le ciel brillait du bleu des dessins d'enfants, la vue sur le village blanc de Cadaqués ressemblait au fond d'écran d'un ordinateur, j'aimais nager dans la piscine jusqu'à oublier de compter les longueurs. Le chlore m'enivre, au bout d'un kilomètre de brasse coulée mes angoisses se diluent, la vie me semble soudain riche de possibles. La villa à l'architecture seventies était tarabiscotée, encombrée de bouquets de fleurs cueillies du temps de Dalí, de masques d'Arlequin en porcelaine décolorée, de fanfreluches partout. Du cafard en barre. Ces objets collaient à la main quand je les cachais dans des placards mais j'adorais cette maison que nous louions depuis plusieurs étés. Les mochetés n'entamaient pas son allure. Les baignoires, faites de minuscules carreaux multicolores, avaient la taille de lits conjugaux, mais cela aurait été une folie de les utiliser.

L'eau était précieuse. Un peu partout, des cendriers dataient d'une époque où l'on s'offrait encore des cendriers précieux et où l'on fumait avec insouciance. On se serait cru dans un film de Claude Sautet. Des enfants couraient, à demi nus, au milieu d'adultes souriants guère plus habillés. Un bruit continu perçait l'air salé.

Presque toute notre smala s'y rassemblait, mon mari, Jean Marc, sa fille cadette, Clara, avec son bébé, mon fils aîné, Basile, nos deux petits garçons, César et Balthazar, et même, si bizarre que cela puisse paraître pour certaines familles décomposées, Charlotte, la première femme de Jean Marc et son nouvel époux, Zaman. Tous les âges, tous ensemble, tout ce que j'adore dans l'existence. Parce qu'on s'aime pour de vrai, comme disent les enfants. Cette meute me rassurait, me permettait de me fondre dans le décor, d'être un peu absente sans qu'on s'en aperçoive. La fatigue d'être moi-même se dissolvait alors dans un élan vital qui me fait souvent défaut. Pas besoin d'être là vraiment. Ces vacances m'allaient comme un gant.

J'étais essorée par une année à cavaler d'une radio à une télé et, avant de m'affaler et contempler le bleu cru du ciel, j'ai consacré mes dernières forces à organiser l'anniversaire de mes fils, ces enfants de l'été. Les touristes de masse n'ont pas défiguré Cadaqués. Quand le parking est plein, on ferme le village : hop, allez vous baigner ailleurs ! Par conséquent, les habitués règnent en seigneurs, et personne ne fait son intéressant. Pas d'enseignes parisiennes, seulement des boutiques de paréos baba et de bijoux cool. Et pas l'ombre d'un Pokémon. J'en ai trop fait comme d'habitude, trop de courses, de cadeaux. La température de plomb empêchait presque de respirer, soumettait les corps à une mollesse forcée, ralentissait jusqu'aux sentiments. Même le cœur finit par être engourdi, nourrissant l'illusion que rien ne peut vous atteindre ici.

Un premier bain de soleil à côté de la piscine, l'herbe sèche piquait les fesses à travers mon drap de plage. Le rose vif et le jaune d'or du motif sont passés depuis plusieurs étés, mais je chéris cette serviette offerte par mon frère il y a une éternité, comme tout ce qui me vient de lui, Alex exilé à Montréal avec femme et enfants depuis quinze ans.

En cette soirée d'anniversaire, on a chanté, rigolé, transpiré, au milieu des papiers d'emballage déchirés et des enfants excités. Charlotte a ce don de rendre l'atmosphère autour d'elle légère comme un éclat de rire ; elle a offert à mes fils un coussin péteur, tout le monde a voulu l'essayer dans des hurlements, jusqu'à le déchirer, évidemment. Les enfants pleurnichaient, on s'en moquait. Les bouteilles de rosé se vidaient, j'ai trop fumé, je me sentais parfaitement bien dans cet instant, posée sur un plongeoir duquel j'allais sauter, le lendemain, dans un grand bain d'oisiveté. Nous étions tous moches, des gueules d'hiver dans des habits d'été. L'occasion d'en rire, nous avons voté, qui avait la plus mauvaise mine ? Je ne me souviens plus du gagnant, Basile sans doute, son beau visage devenu vert endive après une journée d'embouteillages depuis Paris. Peu importe, les baignades rendraient aux corps leur dignité.

Ces heures poisseuses, pleines, où chacun a l'autorisation d'être soi-même me remplissaient d'allégresse. Pas de triche. Nous finissions sans faim les tuiles recouvertes de pignons et d'amandes, spécialité de la pâtisserie du village. Le bébé Marcel dormait enfin dans les bras de sa mère. Balthazar pleurait, après s'être pris les pieds dans la rallonge électrique qui biffe la terrasse, cette maison est sans façon. La table poisseuse attendrait d'être débarrassée. Mon mari me regardait dans les yeux et je ne cherchais pas à échapper à son regard, même si j'étais arrivée deuxième au concours de la mauvaise mine. Cette soirée nous cueillait tous fourbus, d'échecs parfois, de lassitude de la ville souvent, d'une année riche et lourde, sans malheur mais sans répit, le lot d'une certaine bourgeoisie intellectuelle et artistique, un projet chasse l'autre, et le temps manque pour reprendre son souffle.

Par un miraculeux renversement, chaque instant devenait une fin en soi. Nous nous laissions envahir. Le sentiment d'une perfection brûlante et bouleversante m'a prise à la gorge. Il était temps d'aller se coucher. Demain, les vacances commenceraient.

Paris, automne 2015

Je n'arrive plus à lire. Faut-il que je devienne critique de patinage artistique ? D'habitude, au hasard d'un paragraphe, une phrase me touche, ou me déstabilise. Mais la mort de mon frère prend toute la place. Je me fiche d'autres vies que la sienne. « Essaie les polars », me conseille un ami, mais la lecture n'est ni un sport ni un passe-temps, encore moins un loisir, quel sale mot, et je ne comprends pas comment tant de gens peuvent se distraire avec des histoires de femmes enceintes éventrées, d'enfants évaporés au premier chapitre, d'intrigues éculées – eh oui, ma petite dame, connaît-on vraiment les gens avec lesquels on vit ? Pitié pour les forêts. Je trouve même pervers d'inventer des crimes toujours plus atroces pour régaler le chaland. Jean-Dominique Bauby, le rédacteur en chef qui m'a engagée à *ELLE* avant de devenir un papillon dans un scaphandre, disait : « Après avoir lu un roman de James Ellroy, je dois prendre un bain. » Je suis d'accord, inventer des tragédies me semble inconvenant.

Ces temps derniers, la disparition d'Alex me rappelle celles de proches qui ont compté un jour ou l'autre, même si j'ai la chance d'avoir été très épargnée. Jusqu'à lui, j'étais vierge de la mort. Parfois dans sa proximité, jamais dans son intimité. On se parlait de loin. La mort de Gilles, le père de mon fils aîné, m'a affectée bien sûr, mais ne m'a pas plongée dans un tel abîme. Ce suicide compte au moins triple, Alexandre de Lamberterie, cela fait beaucoup de points au Scrabble.

Quand nous étions enfants, à la Petite École, c'était son nom, cette école qui en était si peu une, perchée en haut de la rue Pierre-Guérin, au fond du seizième arrondissement, à laquelle on accédait par un chemin de terre et de cailloux sur lequel on écorchait nos genoux, je portais des robes, lui des culottes courtes, nous n'avions droit aux pantalons qu'au cœur de l'hiver. Donc, à la Petite École, où nous avons été élèves pendant le primaire, quand nous étions en retard le matin, il fallait copier dix fois notre nom. Et je revois mon frère, silhouette blonde vêtue d'un tablier vert clair imprimé de fleurs, pestant contre la longueur de son patronyme : « Je voudrais m'appeler Luc Nic. »

Je me souviens aussi de son premier jour de classe, au jardin d'enfants, il n'y avait pas de maternelle avec ses trois sections, on dessinait des bonshommes patates pendant un an, et hop, on passait en onzième. Lors de sa première rentrée, il portait donc ce tablier vert que je vois comme s'il était sous mes yeux, et des boucles longues et presque blanches après un été cannois. Et son uniforme de garçon modèle : une culotte courte, des socquettes blanches, c'est fou comme les mots ont muté (« N'oublie pas de mettre ta petite chemise », disait ma mère pour parler de ce tee-shirt blanc, rien à voir avec une chemise, qu'on enfilait sous nos vêtements pour ne pas avoir froid), et des sandales à trous en forme de fleurs avec des semelles donnant l'impression de marcher sur un trampoline. Intriguée par cet enfant, une élève avait demandé à Alex s'il était une fille ou un garçon. Et il avait répondu : « Eh bien, je ne te le dirai pas ! » C'est tellement lui.

Comme on tombe sur une maison providentielle au hasard d'une promenade dans les bois, dans un conte de fées, notre mère avait découvert ce bâtiment caché en plein Paris, entouré d'un jardin et si peu conforme à une institution scolaire. Maman, malheureuse en pension et dans toutes les salles de classe en France ou en Allemagne où elle avait grandi, avait inscrit notre sœur aînée, Caroline, sur un coup de cœur, dans cette école bénie des dieux du savoir, à défaut du ministre de l'Éducation. Notre père avait failli s'évanouir quand il avait reçu la première facture, mais elle avait résisté. Notre mère ne cède jamais lorsqu'elle estime avoir raison, c'est sa force. Elle est entêtée comme dix par nature, entêtée comme cent dès qu'il s'agit de ses enfants. Cette école à l'enseignement inspiré de la méthode Montessori, dont les institutrices ne cherchaient pas à mettre les élèves dans un moule mais s'adressaient à l'intelligence particulière de chacun, où la bienveillance tenait lieu d'autorité, elle l'a choisie pour nous.

Je me souviens des poules dans le jardin qui n'était pas une cour en béton mais un espace vraiment vert. Le matin, on apportait de la salade et le soir, on repartait chez soi avec un œuf frais. Des lapins s'ennuyaient dans des clapiers. Et nous trouvions tout à fait normal de grandir au milieu d'animaux de ferme.

Nous n'avions même pas l'âge de raison que nous partions en classe de neige, dans un chalet des Gets, en Haute-Savoie ; les casques n'étaient pas obligatoires pour chausser les skis, le principe de précaution ne colorait pas encore le quotidien de son grand manteau de recommandations, les cagoules en laine grattaient et électrisaient les cheveux lorsqu'on les enlevait. Obligez un adulte à porter une semaine entière une cagoule et ce vêtement sera une bonne fois pour toutes éradiqué de la planète. Caroline, Alex et moi décrochions des flocons puis des étoiles, les prix de camaraderie et de bonne tenue à table.

Pour fêter Noël, une magnifique crèche vivante était organisée, alors que je n'ai pas en mémoire le moindre cours de catéchisme. Nous étions de joyeux petits mécréants à qui des enseignants donnaient, sans contrainte et sans punition autre que de copier son nom lorsqu'on était en retard, le goût d'apprendre et de se conduire bien. La meilleure élève de la classe interprétait le rôle prestigieux et convoité de Marie, de bleu ciel vêtue et berçant un gros bébé en celluloïd dans les bras. Laetitia aurait dû jouer Marie, elle avait les meilleures notes et elle était bien plus sage que moi, et pourtant je fus la Sainte Vierge. La directrice, Mlle Jaeger, avait ses préférés, et les enfants Lamberterie en faisaient partie. Je me souviens même du sentiment grisant d'avoir été privilégiée injustement. Après, ce fut moins amusant, il avait fallu rester longtemps debout, muette avec l'interdiction de bouger un cil, mais la fierté l'avait emporté sur la gêne. Bien des années plus tard, un garçon m'a couru après dans les couloirs de la Sorbonne, m'affirmant qu'il avait été mon Joseph. Il n'était pas du tout mon genre, je l'ai semé.

Alex n'avait pas interprété Joseph, mais un ange, un petit ange curieux, il récitait une poésie dont les premiers mots me reviennent : « *Deux petits anges curieux sont descendus du haut des cieux / Ils regardent par la fenêtre / Ils voient Marie et Joseph.* » Est-ce parce qu'il avait la tête de l'emploi, sa blondeur vêtue d'une aube blanche ceinturée par une guirlande de Noël argentée, qu'il n'avait pas été Joseph alors qu'il travaillait pourtant très bien ? À la fin de l'année scolaire, les institutrices placardaient les devoirs des meilleurs élèves, lors d'une fête, et les siens avaient été choisis, avec aussi, déjà, ses dessins. Une mère d'élève, quelle engeance, je sais de quoi je parle pour avoir fréquenté beaucoup de réunions de parents, s'était étonnée de voir récompensés des devoirs si mal écrits, Alex ne formait pas ses lettres avec des boucles et des cœurs sur les « i ». Mlle Jaeger lui avait rétorqué : « Mais madame, la belle écriture, c'est la science des imbéciles. Lisez ces rédactions. »

Cette liberté d'esprit nous a bercés, au milieu des poules et de maîtresses bienveillantes, Mlle Jaeger, Mlle Raynaud, Mlle Sorlin, toutes demoiselles, peut-être trop dévouées à ce travail qu'elles accomplissaient avec tant de gentillesse pour avoir le temps de séduire un mari.

La tristesse nous a cueillis lorsqu'on a dû revêtir les uniformes bleu marine et gris de La Providence pour moi, de Franklin pour mon petit frère, où même l'air de la cour de récréation semblait cadenassé. À La Providence, le premier jour, des pestes s'étaient moquées de moi parce que je ne savais pas réciter le « Notre Père ». J'avais été Marie mais je ne connaissais aucune prière, la grâce était ailleurs, on m'avait enseigné à avoir bon cœur, comme on disait alors.

Il était plus simple d'être heureux à la Petite École, où les vêtements ne prêtaient pas à discussion, où l'on avançait avec la fierté d'être soi-même, ses dons et ses insuffisances, l'époque peut-être aussi encourageait l'insouciance, sans marques, sans (presque de) télévision – la nôtre, cassée, produisait des images vertes, nous avons longtemps pensé que tout le cinéma était filmé en vert et blanc –, sans écrans, sans portables, avec des jouets *genrés*, une armada de poupées pour moi, des voitures

Matchbox en métal pour lui. J'ai détesté cette Providence, tu parles, il faut toujours se méfier de qui affiche trop sa couleur, tels les couples amoureusement démonstratifs, cette école à la cour en béton et sans poules, où il fallait esquisser une révérence devant des religieuses et se taire même si on avait quelque chose à dire. Je ne sais pas ce qu'Alex a ressenti à Franklin, mais des bribes de souvenirs obscurs me font penser à pire. *Never complain…* Notre éducation ne nous a pas appris à rendre les coups, plutôt à tendre l'autre joue et la fermer. Doit-on y chercher des explications ? Dans ses moments de doute, la moindre remarque flanquait par terre Alex, si brillant et si apprécié. Les critiques nous envoient au tapis, lui comme moi, alors que j'en ai fait mon métier, la belle ironie. Nous ne savions pas nous défendre. Est-ce pour cela que nous sommes si perfectionnistes, et si souvent mécontents de nous, comme si on voulait se mettre toujours à l'abri des jugements d'autrui ?

À la Petite École, j'ai appris à lire en deux temps trois mouvements, littéralement, avec une méthode empruntant au langage des signes, farfelue mais efficace. J'ai découvert *Oui-Oui*, j'en ai demandé un deuxième, puis un troisième. Les institutrices appréciaient et encourageaient cet appétit. Tant pis si je ne m'intéressais pas à la géographie, aujourd'hui encore, je peine à placer la Pologne sur une carte du monde, évidemment j'exagère, mais j'ai tant lu sur le ghetto de Varsovie que j'ai l'impression d'y avoir vécu. J'ai dévoré l'intégralité de la « Bibliothèque rose », du « Club des 5 » au « Clan des 7 », puis la « Bibliothèque verte », d'Alice aux sœurs Parker, sans oublier les « Contes et légendes du monde entier » et la collection « Mille soleils ». Mais mon délice le plus vif a surgi de la lecture des romans de T. Trilby, ces livres à la couverture vert amande passé, hérités de l'enfance de ma mère. Que j'ai aimé ces histoires édifiantes de garçons et de filles déclassés et méritants, soutenant avec courage leurs parents plongés dans l'infortune. *Moineau la petite libraire*, *Poupoune au pays des navets*, *Dadou gosse de Paris* ne mangeaient de la viande, et de cheval, qu'une fois par semaine, dormaient dans des lits improvisés dans des chambres qui n'en étaient pas. Plus tard, les sagas de la bibliothèque de mes parents, les *Jalna* de Mazo de la Roche, *Les Semailles et les Moissons* d'Henri Troyat, *Les Gens de Mogador* de je ne sais plus quelle Élisabeth m'ont consolée des contrariétés de l'adolescence. Alex, s'il avait été une fille, aurait été prénommé Ludivine, l'héroïne du deuxième volume de la trilogie. Puis

Cronin, Pearl Buck, Barjavel, Mauriac, Kessel, Romain Rolland, Chardonne, Dumas, Camus, Giono, Malraux, Simone de Beauvoir, l'un de mes premiers ouvrages dans la « Blanche », cadeau de mon grand-père Serge. Et tant de livres de poche aux tranches de couleur, aux héros perdus dans la nuit des souvenirs. Plus nettes subsistent, dans ma mémoire, les sensations fortes provoquées par la découverte, en douce, de *Moi, Christiane F., 13 ans, droguée, prostituée...* et de *L'Herbe bleue* à la couverture psychédélique, volés dans la chambre de ma sœur Caroline.

Je ne me suis jamais arrêtée de lire. Jusqu'à aujourd'hui, où la mort me rend les mots étrangers.

Cadaqués, été 2015

La nuit a été mauvaise, bouillante, trop de moustiques, déjà du sable dans les draps, s'incrustant dans le gras du cuissot. Vers neuf heures, flemme de me lever pour aller nager dans la mer avec Jean Marc. Je déteste me coucher, je déteste encore plus me lever, mais j'ai besoin d'autant de sommeil qu'un nouveau-né. En gros, j'adore dormir et je dors très mal, sauf le matin. Et je redoute ce petit moment où il faut sortir des limbes pour affronter la réalité. Faire la sieste et devoir me réveiller une seconde fois dans la même journée me semble au-dessus de mes possibilités. J'ai ouvert un œil.

Dans notre chambre, les robes bains de soleil formaient de grandes anémones de mer sur les fauteuils. Pas le courage de les pendre dans cette armoire à l'odeur de vêtements des autres. Seuls les trente livres de la rentrée littéraire, sélectionnés durant des heures (le nouveau Philippe Jaenada évidemment, mais ce premier roman américain vaut-il ses quatre cents pages, Christine Angot pour écrire l'interview que je n'ai pas eu le temps de rendre avant mon départ, Simon Liberati pour ma belle-sœur Florence qui nous rejoindra au mois d'août, Laurent Binet dont tout le monde parle, Toni Morrison pour Alex). Les jeux d'épreuves, ces faux livres fabriqués pour les journalistes afin qu'ils puissent en prendre connaissance avant leur parution, étaient alignés comme à la parade, sur l'étagère en carrelage vert au-dessus du lit. Les garçons rentraient de la plage avec leur père, réveillaient le matin de leurs cris, ils avaient retrouvé leurs marques et les palmes de l'année dernière. Des maillots mouillés gisaient déjà, abandonnés un peu partout sur le sol de la maison. Je ne voulais pas me lever, flottais entre deux eaux, me demandant par quel roman j'allais commencer. Découvrir en été la rentrée littéraire de septembre me procure toujours le sentiment grisant d'avoir le droit d'ouvrir les cadeaux de Noël avant l'heure. Je savourais à l'avance cette journée, serrer contre moi la peau collante des enfants enduits de crème, faire l'amour alors qu'ils sont descendus tirer à la carabine au village, sentir mon cœur battre de nouveau la chamade, me gaver de pastèque, fermer les yeux dans un transat jusqu'à atteindre ce sentiment d'ennui délicieux.

Les bruits de tasses entrechoquées pour préparer la table du petit-déjeuner perçaient mon faux sommeil, volupté d'entendre la maison s'agiter sans bouger. Rester planquée sous l'oreiller, profiter de ces minutes souterraines. Je faisais semblant de dormir quand Jean Marc est entré dans la chambre, son téléphone à la main :

— C'est Florence, ton portable ne répondant pas, elle m'a appelé, elle te cherche.

Rien de grave, mon frère, ma belle-sœur et leur fille Juliette devaient nous rejoindre à La Croix-Valmer, au mois d'août, comme chaque été. Pas le temps ni la présence d'esprit de réaliser qu'avec le décalage horaire il est deux ou trois heures du matin chez eux, au Québec.

— Alex a disparu.

Florence pleurait à Montréal, au milieu de sa nuit. Mon frère n'était pas rentré hier soir, il n'avait pas prévenu, son portable sonnait dans le vide. Ce n'était pas son genre. Et pas non plus celui de ma belle-sœur de sangloter au téléphone.

— Je ne voulais pas t'inquiéter, mais je ne sais plus quoi faire.

Alex et Florence s'aiment depuis plus de vingt ans. Leur vie n'a pas été tous les jours un champ de coquelicots, mais rien n'a réussi à les séparer. Autour de moi, je vois beaucoup d'associations conjugales, de « *power couples* » prêts à toutes les avanies pour escalader leur petite échelle sociale, mais finalement peu de gens qui s'aiment vraiment. Qui pensent la journée, à leur bureau ou au supermarché, au moment où ils s'embrasseront le soir. Alex et Florence vivent ainsi. « Ils sont inspirants », me confieront leurs amis de Montréal. Accordés comme des musiciens. Ils ont foi dans les mêmes valeurs. Ne se racontent pas d'histoires, ne se jugent pas, partagent une même esthétique, érigée en éthique. Il la fait rire. Il la trouve belle. Quand il va bien, c'est lui qui mène la vie, flamboyant. Elle allie la grâce d'une muse à la rugosité d'une paysanne. Il est souvent fragile, elle est forte, devine ses jours plombés, lui tient la tête hors de l'eau quand il a envie de se noyer. Tout ça, mine de rien, sans avoir l'air de le contraindre.

Depuis ce soir, il y a quinze ans, où l'on a découvert mon frère ensanglanté dans une baignoire, Florence ajuste leur quotidien au contour des idées noires de son mari. Elle sait ses défaillances, le protège avec une évidence tranquille, sans en faire tout un plat. Si elle m'appelait en pleine nuit, c'était grave.

— Alex n'est pas rentré hier soir. Juliette est en France, il fait beau, j'ai d'abord pensé qu'il buvait un coup avec des copains. Je ne me suis pas inquiétée quand je ne l'ai pas trouvé à la maison, même s'il n'a pas répondu aux messages laissés sur son portable. Je suis allée nager à la piscine comme chaque lundi. Il le savait, il avait dû en profiter pour traîner et prendre un verre après son boulot. Je me suis couchée, mais je ne pouvais pas dormir. Envahie d'un mauvais pressentiment, je suis descendue dans le salon et là, j'ai trouvé son ordinateur grand ouvert sur le canapé. Je ne comprends pas comment je ne l'ai pas vu plus tôt. Sur son écran, il a laissé en évidence des lettres d'adieu pour les enfants et pour moi.

Mon frère était parti se tuer quelque part. C'est grand comment Montréal ?

— J'ai appelé la police, ils ont envoyé des agents à sa recherche.

Heureusement, Florence n'était pas seule. Des amis, québécois, français, étaient venus l'entourer. Pire qu'angoissée, absolument démunie, elle avait appelé le 911 pour signaler la disparition de son mari. Deux flics avaient débarqué à deux heures du matin rue Boyer, cette rue tranquille du quartier du Plateau, à Montréal, où mon frère et ma belle-sœur habitent depuis quinze ans. Un *good cop* l'avait interrogée pendant qu'un *bad cop* fouillait la maison de fond en comble. Imaginaient-ils découvrir le corps de mon frère découpé dans le congélateur ? Ainsi le voulait la procédure. Jugeant cette disparition inquiétante, ils étaient partis patrouiller dans la ville avec une photo d'Alex trouvée sur Facebook. Un mauvais polar.

Éprouver physiquement cette expression banale qui l'est heureusement si peu dans la vraie vie, le sol s'était dérobé sous mes pieds nus. J'avais ressenti un effroi comparable le jour où ce professeur de médecine odieux avait lancé : « C'est grave » en pointant le doigt sur mon fils César, dont les globules fondaient plus vite que la banquise sous le réchauffement climatique. Je ne pouvais plus cesser de pleurer, figée dans un malheur aussi concret que le carrelage. J'imaginais Alex mort dans un fossé, les mots devenaient fous dans ma tête, le vers de Rimbaud bourdonnait dans mes oreilles : « *Il a deux trous rouges au côté droit.* » Mon frère, mon Dormeur du val. Mes parents. Leur vie allait s'arrêter net. Rien ne serait plus comme avant.

Basile s'était levé pour prendre son petit-déjeuner. Il m'a découverte, statue plantée dans le couloir tel un sapin de Noël dans sa bûche. On s'est serrés dans les bras en se répétant qu'on allait retrouver Alex. Le père de Basile est mort il y a deux ans. Alex est pour lui davantage qu'un oncle, un modèle par sa façon d'avancer avec panache, en dehors des clous. Un directeur artistique admiré, dessinateur du logo de *Keith*, le magazine culturel créé par Basile après son bac. Depuis, nous sommes tous *Keith*. Nous sommes tous fans d'Alex, l'artiste de la famille.

Un même sanglot m'unissait à mon fils, accalmie au milieu d'un truc nous dépassant de plusieurs têtes. Je pensais que c'était foutu. J'ai avancé jusqu'à la salle de bains, afin de m'asperger le visage d'un peu d'eau, en fixant mes pieds. Lorsqu'il marche dans la rue, Balthazar, mon benjamin, a pour habitude de ne jamais poser ses baskets sur les lignes séparant les pavés. « Sinon, le monde entier sera contre moi », affirme-t-il avec conviction. Si mes orteils ne touchaient pas le contour des carreaux, mon frère serait-il vivant ? Et j'acceptais, si j'étais exaucée, que le monde entier s'oppose désormais à moi. Florence m'a rappelée, toujours pas de nouvelles, j'ai prononcé les seuls mots qui me semblaient sensés.

— J'arrive.

Merde, l'histoire se répétait. Lorsqu'il avait trente ans, mon frère avait déjà voulu mourir. Ma belle-sœur m'avait déjà appelée pour me prévenir. Et j'avais déjà dit : « J'arrive. » Le malheur avait pareillement interrompu mes vacances, celles de février, j'étais sur un télésiège à Argentière, face au mont Blanc. Mon portable avait sonné : Alex s'était taillé les veines. La même panique blanche avait activé mes jambes sans que le cerveau leur en envoie l'ordre, l'effroi rétrécissait le monde d'un mauvais coup de dés. J'avais déchaussé mes skis et sauté dans un train à la gare de Chamonix pour aller consoler mon frère ensanglanté.

Mais, cette première fois, l'inquiétude avait été moins forte, je savais mon frère vivant. Quelques heures plus tard, un spectacle de désolation m'attendait : Alex ligoté sur une table prétendant être un lit, attaché avec des sangles, dans le pavillon XIXe siècle d'un hôpital de la banlieue parisienne. L'endroit avait dû être magnifique, la scène était sinistre. À Neuilly-sur-Marne, j'avais encore mes Moon Boot aux pieds et mon petit frère suppliait qu'on le libère. Il hurlait. Les murs étaient couverts de merde, un pot de chambre gisait dans un coin de cette pièce maudite, il hurlait, une infirmière fouillait mes poches. Son œil torve nous surveillait. Elle ressemblait à Nadine Morano.

Mon père était venu à la rescousse. Au quotidien, il laisse ma mère décider de beaucoup, l'air peu concerné, en veilleuse. Puis il reproche : « On ne me dit rien. » J'ai mis longtemps à comprendre qu'il s'économisait pour les grandes occasions. Lorsque les heures sonnent grave, il est présent. Mon père et moi avions signé un papier afin qu'on garde attaché, telle une bête sauvage, l'être que j'aimais le plus au monde, parce qu'il était dangereux pour lui-même.

J'ai repris mes esprits. Je me suis persuadé que je retrouverais mon frère, quelque part dans un hôpital de Montréal, mes tongs aux pieds. J'allais l'engueuler : « Merde, pourquoi tu te suicides toujours pendant les vacances ? » Cette pensée m'a fait du bien, Alex était vivant si je pouvais encore lui parler. Je n'ai pas pu imaginer que je n'allais pas le revoir. Jean Marc m'a rassurée, mon armure contre le désespoir. Mon mari croit au bonheur avec la foi du charbonnier. Cette certitude pourrait presque m'énerver, moi qui soupçonne ce sentiment si galvaudé de malhonnêteté, une chimère derrière laquelle il ne sert à rien d'user ses souliers. Sans cet homme profondément bon, jamais pris, en treize années de vie commune, en flagrant délit de bassesse, peut-être mes idées noires m'auraient-elles traînée, moi aussi, dans les caniveaux où j'imaginais mon frère.

Pendant que Jean Marc cherchait, au téléphone, un billet pour Montréal, j'ai jeté n'importe quoi dans une valise. Comment s'habille-t-on pour aller rendre visite à un mort-vivant ? De toute façon, je n'avais emporté ni pulls, ni chaussures, juste des sandales et des robes bains de soleil, abandonnées sur les fauteuils d'osier. J'avais les jambes en papier crépon. L'idée d'embarquer dans un avion sans savoir si Alex était mort ou vivant me semblait au-dessus de mes forces. Nos petits garçons étaient à la plage avec Clara et le bébé Marcel, tant mieux, je n'aurais pas voulu m'effondrer devant eux. Je ne savais que faire, sinon rappeler Florence, toutes les cinq minutes, en quête de détails rassurants.

Heureusement, Juliette, la fille d'Alex et Florence, passait le mois de juillet en Bretagne, chez nos parents, loin de la panique. Florence attendait, entourée. Les policiers patrouillaient. Nous ne pouvions qu'espérer. Prendre une douche, se fabriquer un visage de composition, boucler un sac de ville avec des affaires de plage et partir sans même dire au revoir à mes jeunes garçons. Vers quel enfer sur terre ? L'été gisait, éventré.

Je marchais sur la pointe des pieds, évitant les jointures des carreaux du couloir, lorsque Florence m'a rappelée. La police avait identifié mon frère, il dormait dans un parc, à côté de son vélo. Mon Dormeur du val sans trou rouge au côté droit. Mais dans quel état ?

Dans la voiture, en route vers Barcelone, Jean Marc me berçait avec des « Ça va aller ». J'aime tellement mon mari et je sais si mal le lui montrer. J'hésitais entre la joie de savoir Alex vivant et l'effroi de le savoir désespéré. Rien n'irait plus dorénavant. Mon frère n'est pas homme à appeler au secours mais homme à se tuer. Ma belle-sœur venait de lui sauver la vie une deuxième fois.

Au café du village, j'ai acheté des cigarettes. Charlotte et Zaman y étaient descendus consulter leurs mails, l'un des charmes de cette maison réside dans son absence de wi-fi. Effondrée dans les bras de Zaman, je répétais : « On l'a retrouvé, on l'a retrouvé. » On aurait dit une folle. De manière inappropriée, est remontée à ma mémoire cette image du mariage de ma belle-fille Clara où nous étions entrés ensemble dans l'église d'Eygalières, Zaman et moi, lui né en Afghanistan et moi en France, tous les deux unis par la même émotion. Cette bulle d'air joyeuse à la surface d'une eau trouble, la chaleur émolliente, les Espagnols au verbe haut et au torse nu, un premier verre à la main, une carte à jouer dans l'autre, la vie était devenue n'importe quoi. Charlotte, si émotive, pleurait en me caressant le bras. Une tempête invisible s'était levée, elle emporterait nos vies tranquilles sur son passage.

Paris, automne 2015

J'ai la mémoire des autres. Je connais les souvenirs d'enfance de Patrick Modiano sur le bout des doigts, mais les miens sont nébuleux. Et lumineux. Mon frère partageait cette perception et j'avais été frappée de découvrir ce sentiment dans *Un roman français*, de Frédéric Beigbeder. Nous sommes des presque amnésiques, peut-être nous a-t-on trop appris à ne pas nous donner d'importance. Ou alors, on trouvait tout simplement naturel d'être heureux, on grandissait comme si ça allait de soi. Les psys ne prêchaient pas la bonne parole, à tous les coins des médias, contre la mauvaise éducation. Ou peut-être qu'on ne mettait pas de mots sur ce qu'on vivait, et mon cerveau est ainsi fait, les phrases s'y impriment davantage que les actes.

Je vais chercher une grosse boîte en carton remplie de photos attendant d'être collées dans des albums. Nos parents sont de grands bourgeois du seizième arrondissement, une espèce en voie de disparition. On a cassé ce moule, parisien, de droite mais vomissant les extrêmes, catholique (sur les bords, pour mon père, messes aux fêtes de Noël, Pâques et du 15 août), qui a foi en la croissance pour tous. Travail, famille, progrès. Issus d'un monde ancien, ils en avaient conservé certains atours et aspirations, ils voulaient reproduire le même, mais dans des meubles Knoll et des murs au papier peint argenté. Une vie moderne pas si éloignée des fondamentaux de celle de leurs parents, mais délestée du poids de l'histoire, une envie d'insouciance pour oublier les guerres qui avaient meurtri leurs familles et influé sur leur devenir.

Mon père dirigeait une société de courtage d'assurances, ma mère nous élevait, chez nous les hommes étaient faits pour travailler et l'argent pour être dépensé par les femmes au foyer. On a grandi dans l'illusion que nous attendaient seulement des jours meilleurs, dans l'idée qu'il y avait nous et le reste du monde. Chez nous, c'était ainsi qu'il fallait vivre, chez les autres, ça se discutait. Il y avait ce que ma mère aimait, et ses goûts étaient pleins de fantaisie, et tout le reste était matière à suspicion. « C'est un peu étrange », disait-elle alors, ce qu'on pouvait traduire par : « C'est immonde. »

Son élégance appartient à un monde révolu. Elle a une *sainte horreur* du débraillé. Elle se fait des mises en plis avec des rouleaux, elle sent bon la laque Elnett et un parfum Saint Laurent dont j'ai oublié le nom mais pas le flacon bleu et argent. Pour Noël, mon père lui offre des bijoux Dinh Van, une Fiat 500 de la couleur d'une clémentine. Elle porte des talons hauts, des escarpins ou des bottes, des sacs Dior frappés du monogramme, les mêmes que s'arrachent les jeunes filles férues de mode d'aujourd'hui, mais que sont-ils devenus ?

« Tu n'as jamais trouvé bizarre que papa ait toujours eu un sac à main ? » m'a demandé mon frère un jour, à Montréal. C'est vrai, notre père met son portefeuille et ses papiers d'identité dans un drôle de sac marron rectangulaire et plat, hipster avant l'heure. Il fume des cigarettes sans filtre et porte des lunettes à monture épaisse. Il tient ses vestes de costume sur l'épaule, avec un seul doigt, comme Lino Ventura ou Michel Piccoli dans les films du dimanche soir. Les jeans que mon père et ma mère sortent le week-end sont repassés, avec un pli au milieu.

« Cette fascination que nous éprouvons toute notre vie pour nos jeunes parents séduisants et mystérieux qui étaient à la fois physiquement proches de nous, et cependant distincts, inaccessibles et inconnaissables. Est-ce là l'histoire d'amour originelle, qui colore et détermine toute notre vie à suivre ? » interroge Joyce Carol Oates avec sa finesse inouïe.

Mes parents forment un bon *ménage*, comme ils disent de leurs amis.

Alexandre est né trois ans après moi, le 16 mars 1969. C'est drôle, si la nature a fait preuve d'exactitude, il a peut-être été conçu le 16 juin 1968, le jour de l'évacuation de la Sorbonne marquant la fin de la révolution étudiante de mai. Mes parents étaient-ils soulagés, eux trop bourgeois et déjà trop vieux pour jeter des pavés ? Que pensaient-ils de ces jeunes rejetant l'autorité du général de Gaulle ? Je l'ignore, on a grandi comme si le monde autour de nous n'existait pas, avec les dossiers d'*Okapi* en guise d'actualités ; je sais juste que l'une des cousines chéries de ma mère aurait flirté avec Dany Cohn-Bendit, alors que son oncle était ministre, ce qui faisait le miel des rumeurs de l'époque, et résume bien notre famille de rigolos à cheveux longs et d'hommes en gris.

Alex ouvre un œil, comme ses deux sœurs aînées, Caroline en 1963, moi en 1966, à la clinique du Belvédère à Boulogne-Billancourt.

Cet ancien pavillon de chasse de l'empereur Napoléon III était devenu un établissement huppé, peut-on lire sur Wikipédia. « Un cadre où la santé est reine et l'art de vivre religion », annonçait sans rire la plaquette de la clinique aujourd'hui disparue, célèbre à l'époque pour avoir accueilli Sylvie Vartan. Tout colle, « l'art de vivre » est la religion de ma mère, et pas seulement pour des raisons esthétiques. Présenter son meilleur profil ou dresser une table expriment pour elle une forme de politesse à l'égard du monde. Sans doute est-ce aussi une manière de s'en protéger. Mettre du bleu aux yeux des chagrins les rend plus supportables. Tout doit être *im-pe-ccable*, l'adjectif est fréquemment prononcé en séparant bien les trois syllabes. Ma mère parle souvent en italique.

Sur les photos collées avec des coins transparents que les jeunes ne peuvent pas connaître, le 17 mars 1969, notre mère porte une chemise de nuit blanche en dentelle. Elle est coiffée, légèrement maquillée, parfaite, à mille lieues des accouchées d'aujourd'hui hagardes et froissées dans des tee-shirts XXL. Ma mère se tient en toutes circonstances. Sa chambre, avec moulures, ressemble à la suite d'un hôtel avec plein d'étoiles, le lit n'est pas d'hôpital mais d'époque (enfin genre), on dirait une altesse dans *Point de vue, Images du monde*. Et, dans ses bras, Alex a une toison noire comme de l'encre et les yeux bridés. L'infirmière inter-roge : « Votre mari est asiatique ? »

Magie des nouveau-nés, les cheveux tombent, repoussent blonds, et le premier garçon de la famille en devient le Petit Prince. Sur les photos, Caroline, queue-de-cheval longue cen-drée, a déjà son sourire sérieux. Moi, brune, coiffée comme Mireille Mathieu, j'ai des robes à smocks faites maison, des chaussures à bar-rettes à bouts ronds et des dents de lapin. Nous sommes des enfants bien élevés et bien nourris, même si on est maigres comme des oisillons et qu'on se fiche complètement de ce qu'on mange. Sauf les soirs où, dans la cuisine orange, on peste devant une cervelle d'agneau sortie d'une boîte de surgelés Vivagel bien sûr. Le mercredi, on déteste aussi la blanquette de veau servie dans la salle à manger au papier peint argenté. Notre grand-mère maternelle vient déjeuner. Lorsqu'on a fini la blanquette, maman appelle Emilia avec une clochette en métal argenté, souvenir dont l'évocation pro-voque les protestations scandalisées de mes nièces et mon fils aîné. Emilia s'occupe de tout chez nous – on ne dit pas une bonne –, ses cheveux sont coupés très court à la manière de Marlène Jobert dans un film avec Charles Bronson, regardé en cachette par mon frère et moi un soir où mes parents étaient sortis. Les mercredis de blanquette, Chloé, la petite tardillonne, n'était pas encore née.

C'est un monde évaporé aujourd'hui, imprégné d'égards, n'en déplaise aux jeunes générations. On respecte nos parents de la même façon qu'on respecte Emilia. Chacun est à sa juste place. Le monde des enfants est séparé de celui des *grandes personnes*, comme on dit alors, par une frontière invisible, symbolisée par le vouvoiement, et il ne nous viendrait pas à l'idée d'en forcer les limites. Des années plus tard, mon frère a la quarantaine, il appelle papa et lui annonce sans ambages que, dorénavant, il va le tutoyer. Mon père accepte, quelque chose change dans leurs relations.

Caroline est sage comme une blonde image et moi je suis « bêtiseuse », comme dit mon père. Avec mon amie Amélie, on descend les escaliers de l'immeuble où nous habitons à toute allure, des crayons de couleur serrés dans le poing : ça crée de magnifiques traînées multicolores. On repeint le plancher de sa chambre avec du blanc à chaussures et après, comme on ne trouve pas ça si beau finalement, on se met en quête d'un tapis pour camoufler notre œuvre ratée. Mon frère, lui, ne quitte pas Thomas, son ami du rez-de-chaussée. Une après-midi, ils s'installent à califourchon sur la balustrade du balcon et essaient de viser des ouvriers qui travaillent dans la cour avec de petites voitures. La jeune fille qui nous garde manque de s'évanouir quand elle les découvre, la moitié de leur petit corps dans le vide, après qu'un voisin a donné l'alerte. Un jour, Alex demande ce que ça veut dire « pédé », ma mère lui explique que ce sont des garçons qui s'aiment. Il lui répond qu'alors, avec Thomas, ils sont pédés. On est insouciants comme des enfants d'hier.

À l'institut de La Tour où je succède à Caroline, les professeurs déplorent : « Si seulement vous étiez comme votre sœur. » Elle est brillante, je suis insolente et moins bonne élève. Plus tard, un vieil oncle nous accueillera à chaque réunion de famille par un doublement blessant : « Caroline, qu'elle est intelligente ! Olivia, qu'elle est jolie. » Forcément, à cette époque, je préfère mon frère à cette sœur dont l'image, bien malgré elle, me dévalorise.

Il me semble aujourd'hui que c'était une époque préhistorique. Les nouveaux pères, les adulescents ou les cougars n'existaient pas. Les enfants étaient petits et les grandes personnes vieilles. Lorsque notre mère a attendu Chloé, huit ans après la naissance d'Alex, j'avais onze ans, je me souviens de murmures autour d'elle : est-ce que ce n'était pas un peu gonflé d'avoir un enfant si tard ? Elle avait trente-six ans. Je me souviens aussi de nos parents, le matin de Noël, nous annonçant, dans la salle de bains marron : « Mes enfants, bonne nouvelle, la famille va s'agrandir. » Alex, pour qui ce ne devait pas être une si bonne nouvelle, il allait perdre dans l'histoire sa place de petit dernier, a répondu : « Chouette, on va avoir un chien. » Nous l'avons tellement choyée, Chloé.

La vie matérielle prenait toute la place. Les journées étaient aussi normées que dans les albums de *Petit Ours brun*. Notre père se levait tôt, écoutait RTL à plein volume dans la salle de bains, partait travailler avec un costume et une cravate et rentrait tard le soir. Quand, vraiment, nous dépassions les bornes, il devenait très sévère. Il était l'autorité faite père et notre mère s'occupait de tout, s'occupait de nous. Elle avait le souci de l'ordre et de la propreté. On ne parle pas de ce qui tache. S'il y a des problèmes, on les tait. Peut-être qu'ainsi ils n'existeront pas, vive la pensée magique. Les faits, rien que les faits, recouvraient la perception qu'on pouvait en avoir, de leur grand manteau de fourrure. Chaque chose avait sa place et, chez nous, on ne rigole pas avec les armoires bien rangées, mais il y en avait peu pour les états d'âme. On menait une vie dénuée d'ombres, dépourvue d'envers. On travaillait, on grandissait, on pensait à l'endroit.

« Ça va passer », nous répétait-on quand on avait mal. Et si ça ne passe pas ? On nous a inculqué l'idée que nous étions privilégiés, donc pas le droit de nous plaindre ni de nous vanter.

Et ce soir où mon frère est rentré sans ses mocassins tant réclamés, il n'a rien raconté à nos parents. Il n'a pas dit qu'il les avait donnés à un clochard et puis voilà, on n'allait pas en faire tout un plat. Plus que le don, j'avais admiré qu'il marche dans les rues pieds nus, sous les regards des passants. Je le trouvais héroïque. Quand ma mère s'est interrogée sur la disparition des fameuses chaussures et qu'elle a appris la vérité, elle a voulu lui en racheter une paire, elle était toujours de notre côté contre les autres.

Notre famille nous a fabriqués taiseux, cette incapacité à exprimer des sentiments intimes complique pas mal les relations humaines, mais c'est ainsi. Je ne peux pas prononcer le mot « règles » en public, j'ai du mal à articuler « toilettes », si je hasarde l'expression « aux cabinets », personne ne me comprend, je ne sais pas avouer que je ne vais pas bien. Je n'aime pas les gens qui se répandent, leurs confidences me donnent l'impression de voir couler un camembert trop fait. Ces propos sont dénués de tout ressentiment. Je pense, comme dit la psychanalyste Caroline Eliacheff, que, passé vingt-cinq ans, il faut arrêter d'en vouloir à ses parents et se remettre en question soi-même. Je ne crois pas qu'il faille chercher les causes de la mort de mon frère dans une boîte noire cachée dans le grand appartement du boulevard Beauséjour, ou dans le « trou » comme nous l'appelions, où disparaissaient mystérieusement certaines affaires. Nous avons été désirés, choyés, aimés. Les incompréhensions et maladresses sont inhérentes aux relations entre les parents et les enfants, elles n'en sont pas les explications. Nous sommes responsables de nos vies, je le pense profondément.

Mon frère était la seule personne à qui je me confiais. Nous étions deux muets qui l'un en face de l'autre retrouvaient l'usage de la parole. Avec qui chuchoter aujourd'hui ?

Montréal, 21 juillet 2015

Aéroport de Barcelone. Partir m'angoisse toujours, même pour un week-end en Normandie, en revanche je prends l'avion comme d'autres le métro. Avant d'embarquer, en mâchouillant une salade pour occuper ma bouche, je me demandais que faire des heures me séparant de Florence. Deux heures de vol pour Paris, deux heures de transit à Roissy, encore neuf vers Montréal. Je pensais à César, mon fils philosophe. « J'ai remarqué que, quand on s'amusait, le temps passait plus vite. Un jour, avec mon copain Grégoire, le prof de maths était absent et on était tout seuls à rigoler à la maison. Alors, pour que l'après-midi ne file pas trop vite, j'ai dit à mon ami, on va essayer de faire croire au temps qu'on s'ennuie, comme ça on aura l'impression que l'après-midi est très longue. Mais ça n'a pas marché. »

Juste avant de quitter Cadaqués, j'avais attrapé le plus gros livre de la rentrée littéraire, *La Petite Femelle* de Philippe Jaenada, dont l'esprit m'a toujours réjouie. Pour me remercier d'une chronique sur l'un de ses romans, il m'avait un jour envoyé un mail : « Je te serre dans mes grands bras mous et je te couvre joues et front de baisers (ça va, c'est par télépathie, tu t'en sors sans avoir l'impression qu'un terre-neuve te fait la fête). Et pour te remercier, j'entame la sculpture d'une statue à ton effigie. » Parfois, je reçois un drôle de message : « J'ai fini ton pied. » Alex aime cet auteur autant que moi, et depuis qu'il est parti vivre à Montréal, son avis supposé, ses goûts connus ou imaginés me servent de boussole ; une façon de le garder dans mon paysage. J'ai pris mon parti de son exil, je suis ainsi faite que je n'ai pas besoin de voir les gens tout le temps pour les aimer. L'amour se nourrit d'absence. Le pavé de huit cents pages de Jaenada me rassurait même si je me sentais incapable de l'ouvrir. Autant essayer de tuer le temps avec un couteau à beurre.

Au moment de monter dans l'avion, impossible de mettre la main sur ma carte d'embarquement. L'hôtesse me regardait comme si j'étais Satan en tongs : *Donne-moi ton passeport, toi qui portes tous les péchés du monde*, et moi je sanglotais comme un paquet de madeleines. J'avais envie de lui dire qu'elle ressemblait à un ragondin, mais je me suis tue, j'ai cherché ma carte en maudissant le genre humain.

Le vol pour Paris a duré plus qu'une vie et j'ai vomi ma salade dans un petit sac en papier sous les yeux contrariés d'une autre hôtesse, peu sensible à ma détresse mais très emmerdée pour son fauteuil, même pas taché, je sais me tenir.

Deux heures d'escale à Roissy ; j'étais affalée dans un canapé devant des boutiques de luxe, au milieu de Japonaises habillées de vêtements flambant neufs, déballant le contenu de leurs sacs orange. À qui parler ? À qui se plaindre ? « L'essentiel est de savoir endurer. Apprends à porter ta croix et garde ta croyance. » Ou « garde ta souffrance », je ne sais plus. Ces mots de *La Mouette* de Tchekhov, une pièce de théâtre que je jouais au conservatoire du seizième arrondissement avec un garçon dont j'étais amoureuse, sosie de Georges Descrières – avec Alex, on adorait regarder la série télévisée *Arsène Lupin*, le plus grand des voleurs –, frappaient à ma mémoire.

Pas question d'inquiéter mes parents pour le moment ; mon frère déciderait de ce qu'il leur raconterait ou leur cacherait. J'ai appelé Jean

Marc, sa voix m'a rassurée. Les enfants avaient plongé dans la piscine toute la matinée en criant des noms de joueurs de foot. Souvent, je m'en veux de ne pas savoir donner à mon mari les clés de ma mélancolie. En même temps, je me dis que, s'il connaissait la noirceur de mes pensées, il s'enfuirait peut-être avec une blonde légère et court vêtue. Et sans lui, je serais fichue, foutue, mourue.

J'ai téléphoné à Jacques, l'ami peintre d'Alex, devenu le mien, un chien fou à l'accent niçois, rencontré lorsqu'ils faisaient leurs études à l'école d'arts graphiques de Penninghen. Peu enclin à satisfaire avec le sourire les exigences contradictoires de clients, Jacques n'est pas devenu graphiste, mais un artiste, doublé d'un homme sans préjugés. Il vend des plantes dans une jardinerie pour gagner de l'argent, sculpte le visage de créateurs, David Lynch ou Andy Warhol, en pâte à modeler dont il fait des photos extraordinaires, puis des tableaux. Dans un même élan, l'art intoxique et donne des ailes à ce garçon généreux, pas comme tout le monde. Il se couperait le bras avec une scie sauteuse pour son ami de vingt ans, aidé d'une rasade de pastis, et sûrement avec le sourire. Il est le parrain de Juliette dont je suis la marraine et, bizarrement, alors que nous sommes tous les deux rétifs à ce

genre de convention, ce lien nous unit profondément.

Je suis malheureuse de lui raconter la nouvelle chute de mon frère, heureuse de lui
parler. L'année dernière, en février, Alex avait
plongé si bas dans les affres de la dépression
qu'il avait dû interrompre son travail chez
Ubisoft près d'un mois. Jacques était venu le
voir à Montréal et, ensemble, ils étaient partis
dans le chalet d'un ami se mettre la tête à l'envers à coups d'enfers artificiels. Ces frères en
démesure avaient entrepris une série de pein-
tures sur photos. Leur projet artistique s'appelait « Lost », le slogan : « *Tomorrow I'll be
a better man.* Demain. » Mais demain n'existe
plus. Hier encore, pourtant, Alex projetait
d'aller à Nice poursuivre leur œuvre commune.

Jacques n'y comprenait rien, sanglotait avec
l'accent du Midi, tandis que je pleurais de
nouveau parmi les Japonaises saisies de panique.
Elles se sont éloignées, craignant que mes
larmes ne soient contagieuses. L'étiquette de
l'une d'elles dépassait encore de l'encolure
de son manteau neuf.

Impossible de lire, pas même un des journaux dont j'avais fait une provision de guerre.
Je n'avais pourtant pas visé haut. « *Karine
est enceinte. Samuel et Alexia se sont remis*

ensemble. Mathieu a pété les plombs. » On réalise qu'on a vieilli quand on ne reconnaît plus personne dans *Voici*. *Lost in transit*, j'ai même essayé de faire des mots fléchés.

Mes pas m'ont conduite jusqu'à la porte 14, près de l'embarquement. Les Japonaises avaient été remplacées par des Françaises permanentées. Avec leurs énormes bustes, bonnets F, posés sur de fines jambes de serin, elles ressemblaient à la grosse fiancée du général Tapioca dans *Tintin*. Je les écoutais ronchonner : « Venise, j'ai pas aimé, j'ai trouvé ça humide. Déjà que j'avais été déçue par Rome, c'est d'un vieux ! Non, c'est décidé, l'année prochaine, on retourne à Sainte-Maxime. »

Embarquement pour Montréal. Mon voisin portait une casquette à l'envers et mesurait deux mètres de large. Sa cuisse débordait de son siège, formait une petite montagne sur l'accoudoir pour dégouliner sur mon fauteuil. Sans même attendre le décollage, il a démarré la projection du dernier film de James Bond, s'est mis à gesticuler, tendu comme s'il affrontait mille dangers. Il *était* James Bond. Dans d'autres circonstances, ce comportement de petit garçon perdu dans un corps obèse m'aurait attendrie, mais je devais éviter ses coups de coude, et tout mon esprit était concentré sur Alex. Quel numéro sur l'échelle de Richter de sa douleur ? Je ne savais même pas s'il était blessé.

Les neurones réduits à néant, j'ai hésité entre regarder *L'Élève Ducobu* ou *G. I. Joe la revanche du cobra* avant de choisir *La Famille Bélier*, dont les chansons de Louane, l'idole de mes petits garçons, m'ont fait verser de gros bouillons. « *Mes chers parents, je pars. / Je vous aime mais je pars. / Vous n'aurez plus d'enfant ce soir…* » C'était parfait, je ne savais plus pourquoi je pleurais. Et, en même temps me remontait à la mémoire ce jour où mon amie Marie-Françoise et moi avions interviewé Michel Sardou. Il nous avait reçues en peignoir blanc et, quand il s'était assis, jambes croisées, on avait vite vu qu'il ne portait rien en dessous. Alors, pour ne pas céder au fou rire, il avait fallu remonter la tête à toute allure, du carnet avec nos questions posé sur nos genoux vers le visage de Michel Sardou, sans s'attarder sur son entrejambe. C'était le bon temps. Jean d'Ormesson m'a toujours reçue habillé.

Une hôtesse de l'air à lunettes de vue à monture rouge vif (le genre à porter des pantacourts en week-end) est venue s'agenouiller devant mes larmes, munie d'une boîte de mouchoirs en papier. « C'est pas joli-joli », a-t-elle constaté d'un ton compatissant, découvrant mon regard de panda, maculé de mascara

– je suis ainsi faite que je partirais maquillée pour l'échafaud : j'ai mis de l'anticernes avant d'accoucher, ma mère, suis-je bien la plus *im-pe-ccable* ? « Ça va aller-ça va aller. Vous êtes triste-triste ? C'est pas humain, une telle déses-péritude. » Elle me caressait la main, me faisait oublier sa collègue à tête de ragondin, avec sa manière bégayante de répéter chaque expres-sion et ses grands mots gentils. « Pourquoi vous ne faites pas un petit somme-un petit somme ? » J'aimerais bien-j'aimerais bien.

J'avais peur de vomir mon jus de tomate – pourquoi se découvre-t-on une passion pour le jus de tomate dans les airs et jamais à terre ? – sur James Bond, dont l'œil patibu-laire me regardait lisser avec inquiétude le sac en papier attrapé dans le siège avant. Je n'osais rien avaler. Nous avons pactisé lorsque je lui ai offert mon plateau-repas.

Avec l'effort de concentration d'un cham-pion d'échecs soviétique, j'ai attaqué *La Petite Femelle* de Jaeneda, je m'étais fixé l'objectif d'atteindre la page 100. C'était affolant et ter-rible. Puis les paroles de Yaël Naïm, « How did I become a coward », écoutées en boucle, m'ont fait tenir deux bonnes heures. J'ai pleuré jusqu'aux os. À quelques minutes de l'atterris-sage, dans le miroir des toilettes, mon visage était d'occasion ; d'accord, les amis, je gagne le concours de la plus mauvaise mine. La fatigue, l'angoisse, le décalage horaire, transformant cette journée en un jour sans fin, me donnaient l'impression d'évoluer dans un monde parallèle.

À l'aéroport, bonheur de retrouver l'allure de Florence, éternellement perchée sur des talons hauts. Sa beauté inentamée m'a rassurée. Elle est la personne la plus intelligente que je connaisse et la moins démonstratrive, alors que je le suis devenue grâce à mon mari, dont les mains ont biffé d'un trait mon enfance sans effusions. Désormais, pour rattraper les caresses perdues, j'aime toucher mes enfants, mes amis et leur déverser des flots de « Je t'aime » à la façon des héros benêts des séries américaines. J'espère que ma belle-sœur sait mon affection.

Physiquement, Alex n'avait rien. Il avait erré dans Montréal sur son vélo, jeté son téléphone portable dans un terrain vague, bu quelques bières avant de s'endormir dans un parc. N'avait-il pas eu le temps d'exécuter son plan mortel, ou pas le courage, la force, la folie, la douleur, je ne sais quel mot convient à cet esprit sur le fil. Quelle étincelle l'a retenu chez les vivants ? A-t-il pensé, soudain, que c'était trop triste de mourir ? On n'en savait rien pour le moment. Alex avait juste confié à sa femme qu'il se sentait minable de n'avoir pas su en finir.

Quand j'ai parlé avec lui, plus tard à l'hôpital, alors qu'on se disait brutalement tout, je ne l'ai pas interrogé sur ces heures à la dérive, non par pudeur, mais parce que l'image de lui vadrouillant dans Montréal à la recherche du meilleur moyen de mourir m'était insupportable. J'espérais juste qu'il ait bu jusqu'à oublier son nom, mais les analyses toxicologiques ont démontré le contraire. Pour employer une expression crétine à la mode, il voulait mourir en pleine conscience.

Paris, automne 2015

La mélancolie est-elle inscrite dans nos gènes ? « Ne t'inquiète pas, as-tu écrit à ta fille avant de t'envoler, cette maladie concerne principalement les hommes de notre famille, pas les femmes. » Est-ce que ce bonjour tristesse qui a propulsé dans le néant quatre cousins germains de notre père s'est transmis de grand-père Guy à notre père François, et puis à toi, Alex ?

Grand-père Guy avait la dépression romanesque, en tout cas à nos yeux d'enfants. Un luron triste. Ancien garde des eaux et forêts, il chassait des nuits entières les voleurs et les papillons, assis sur un fauteuil en plastique dans le jardin de l'Ensoleillada, sa villa de Cannes où nous passions les étés. Il était sec comme une vieille souche. Ressemblait à l'acteur Jacques Dufilho. Près de son filet à papillons, sa seule passion connue, il posait un revolver qui, je crois, est aujourd'hui caché dans un tiroir de mon père. Une arme qu'on se passe dans une course de relais contre la vie ? Les cambriolages à répétition de sa maison avaient rendu grand-père Guy défait, fou, border, furieux, angoissé. La terre entière voulait le voler ! Il était habité par cette obsession et ne tournait plus très rond, à l'image de l'unique salle de bains de la maison où l'on dénombrait deux baignoires parallèles, trois lavabos et une douche. Avec sa paranoïa du cambriolage, il avait développé une radinerie de compétition (et ancienne, mon père m'a raconté que, à quinze ans, il avait dû vendre son train électrique pour s'offrir un vélo). Grand-père Guy dépensait tout son temps à faire la tournée des supermarchés en quête de promotions exceptionnelles. Les yaourts périmés ne lui faisaient pas peur. La période des étrennes le crucifiait. Je me souviens d'Alex, faisant une blague à l'une de nos cousines germaines : « Il t'a donné combien pour Noël grand-père ? – Rien, et toi ? – Moi ? Deux cents francs ! »

Mais nous les aimions bien ces grands-parents à l'allure loufoque de Deschiens : grand-père Guy gominé, en marcel blanc, au volant de sa 2CV, aux côtés d'une mamie parfumée à l'eau de rose passée, datant au moins d'avant la guerre, et habillée de robes jamais à la bonne taille. Auréolée d'une mousse de cheveux couleur écureuil et maquillée d'un blush trop rose lui dessinant deux pommettes de clown, elle faisait penser à une vieille comédienne sur le retour. Lorsqu'elle nous embrassait, en nous disant : « Bonjour, ma minette », un peu de son rouge à lèvres corail restait collé sur nos joues lisses comme des balles de ping-pong. On frottait notre peau, dégoûtés.

À côté, nos parents, si élégants, ressemblaient à un roi et une reine. Ma mère portait parfois un foulard en turban et mon père, d'énormes lunettes de soleil. Les souvenirs remontent d'un coup à la surface du présent comme les corps de noyés. Les tomettes rouges du couloir où, lors de grandes vacances sans fin, nous nous allongions le soir, à moitié nus, pour nous vêtir de leur fraîcheur ; les bols en pyrex dans lesquels grand-père Guy et mamie buvaient du café au lait le matin, les verres de Biot dans lesquels ils mélangeaient du mauvais vin avec de l'eau ; la confiture de cerises du jardin, presque noire et un peu confite, je n'en ai jamais mangé d'aussi bonne ; la chambre du garage, indépendante de la maison, que seules les grandes, Caroline et son amie Hélène, avaient le droit d'occuper ; celle aux lits métalliques superposés et bruyants où nous dormions mon frère et moi ; sur le mur, on voyait l'ombre des phares des voitures s'imprimer la nuit dans un grand rugissement de moteur ; le bougainvillier violet, la terrasse aux petits carreaux blancs, les deux fenêtres bouchées par du crépi orange parce que grand-père Guy, déjà foutraque, n'avait acheté que la moitié de la maison, la balancelle dans le jardin, *balancelle*, Dieu que ce mot me réjouit, le piano dont personne ne jouait sauf nous qui ne connaissions pas une note de solfège, durant les heures trop chaudes du début d'après-midi, interdiction de mettre le nez dehors. Les vacances s'étiraient jusqu'à l'ennui, parsemées de visites d'oncles dont on ne retenait pas les noms. L'un, à la tête d'Henri Salvador, venait faire des parties de belote avec mamie et nous devinions quelque chose de trouble dans leur relation. L'oncle irlandais, John, était saoul dès l'apéritif, rouge homard, et alors que je m'interrogeais sur cette couleur trop vive, Alex m'avait assuré qu'il avait attrapé un coup de soleil. On ne distinguait que la surface des grandes personnes. On ne voyait que le bonheur.

Mon frère avait construit la plus belle cabane du monde, au fond du jardin, derrière le cerisier. Deux cageots servaient de porte, le toit était en palme. Notre cousine Élodie l'aimait tellement qu'elle avait voulu passer la nuit dedans. Même s'il avait trois ans de moins que moi, c'était lui qui donnait le *la*. Lui que je suivais pour escalader le mur séparant le jardin de la maison des Allemands. La perfection de ces étés nous faisait grandir droit toute l'année.

Je pars à la pêche aux images. Le corps de mon frère, nageant en pyjama dans la Méditerranée de Bijou-Plage, pour obtenir son diplôme de 500 mètres tout habillé : la municipalité avait de ces idées. Un reportage paraissait dans *Nice-Matin* le lendemain et on se cherchait sur la photo, parmi des dizaines de silhouettes miniatures. On ne se trouvait pas, mais ce n'était pas grave, on était dans le journal, quasi des héros. Et nous, marchant en claquettes, on ne parlait pas de tongs à l'époque, escaladant les rochers plats bordant la plage pour aller plonger au large. Et mamie enfilant son costume de bain – c'était son expression, nous parlions simplement de maillot –, dissimulée dans une serviette-éponge resserrée par un élastique à la hauteur du cou, on aurait donné beaucoup pour en avoir une semblable. Puis elle coiffait sa tête d'un bonnet décoré de fleurs en plastique et elle faisait semblant de nager, agitant ses bras, ses pieds ne quittant jamais le fond. Nous avons mis des années à comprendre qu'elle ignorait tout de la brasse. Et nous, marchant jusqu'à la voiture en ramassant des pignons que l'on casserait avec de gros cailloux, devant le garage de la maison.

Pignon, mot de passe de notre fratrie encore aujourd'hui.

Mais le plus rigolo survenait en fin de journée. Équipés de pelles en plastique, nous creusions des trous dans le jardin à la recherche de boîtes Tupperware remplies de billets de banque, enterrées en douce par grand-père Guy parce qu'il pensait que les banquiers étaient tous des voleurs. Ensuite, il oubliait où il les avait cachées ! La légende familiale veut que Mélanie, notre cousine irlandaise, ait mis la main sur 30 000 francs, j'ignore encore si c'est vrai. La réalité de sa maladie était clinique, il était gravement dépressif, ça n'est jamais passé.

Dans la famille, on se suicide comme chez les Hemingway. C'est chic, c'est atroce. Il faut que je demande à mon père de me raconter tous ces gars qui ont sauté le pas. Maintenant, à qui le tour ? J'ai trois fils, j'aimerais bien savoir.

Je réalise que je m'échine à chercher mon frère dans tous les cieux. Cette question – « Où es-tu ? » – sert à en masquer une autre : « Pourquoi ? »

La vie, c'est pas mon truc, a écrit Alex en guise de réponse.

Mais d'où vient ce truc, ou cette absence de truc ? Ce sentiment qu'il éprouvait de ne plus rien avoir à donner ni à recevoir. Bien sûr, ces suicides en série ne sont pas vraiment un sujet de conversation, le soir au coin du feu. Depuis toujours, on ne nous a rien caché, rien raconté non plus. On sait sans savoir. Alors j'interroge mon père, en douce.

Rien ne s'oppose plus à cette nuit.

Un premier grand-oncle, militaire de carrière, se suicide au Maroc avec son revolver de fonction, en 1954 ou 1955. « Black-out, me confie mon père. On nous a raconté des bobards, parlé d'un accident survenu alors qu'il nettoyait son arme, de la conséquence d'une vaccination qui avait mal tourné. Ce n'est que des années plus tard que j'ai appris la vérité. »

À la génération suivante, un cousin germain de papa, réalisateur de télévision apprécié et connu, se jette par la fenêtre après l'échec en salles de son premier long-métrage, film diffusé depuis, et avec succès, de nombreuses fois sur plusieurs chaînes.

Une vie de roman noir, des mésaventures à travers le monde, un mariage désastreux, une existence où le tragique sans cesse s'est ajouté au tragique, un autre cousin, brillant bourgeois parisien, tue sa femme et leur petite fille avant de retourner l'arme contre lui.

Un quatrième trouve la mort dans un accident de voiture.

Et mon père évoque encore un cinquième cousin, disparu dans des circonstances étranges comme on dit, une catastrophe autorisant toutes les interprétations.

Je me souviens, plus jeune, d'avoir entendu parler de notre famille, dans des bribes de conversations volées, comme d'une famille « marquée ». Les euphémismes sonnent doux aux oreilles. Mais de quelle marque s'agit-il ? Celle du destin, du diable, de l'hérédité ? Mon frère était très soucieux de ces ascendants mélancoliques, il les brandissait souvent auprès des médecins, comme une explication rationnelle à son envie d'en finir. Aucun psychiatre n'a creusé cette piste.

Existe-t-il un gène du suicide ?

Les psychiatres interrogés à Montréal ont tous écarté cette hypothèse, parlant seulement d'une propension à la mélancolie. Lorsque j'ai cherché à en savoir plus à Paris, les réponses des médecins furent floues et contradictoires. Quand l'un réfutait la réalité d'un chromosome de plus ou de moins, l'autre me parlait d'un taux de sérotonine défaillant.

Je n'ai pas d'explication.

Voilà d'où l'on vient.

Montréal, été 2015

C'est comme entrer dans une prison. Mais par la case simple visite du Monopoly. Il a fallu décliner son identité, laisser son sac à l'entrée dans un casier, vider ses poches, passer plusieurs portes fermées à clé dans le sillage d'un infirmier, pour avoir le droit de pénétrer dans l'endroit le plus sinistre de la terre et de ses environs. Mon frère était assis sur une chaise en plastique blanc, il ne bougeait pas. Il n'y avait rien à faire ici, c'est curieux, un endroit où il n'y a rien à faire aujourd'hui.

— On va te sortir de là.

Cette phrase jaillit spontanément de ma bouche sans que mon cerveau l'ait commandée, après qu'on s'est serrés dans les bras, fort, longuement. Puis on s'est bercés avec des « Ça va aller maintenant » auxquels on ne croyait ni l'un ni l'autre.

— Non, je suis bien ici.

Ce sont les premiers mots de mon frère. Je les ai trouvés effrayants. Quelle personne sensée se sentirait bien *ici* ?

Les patients portaient tous une blouse claire, taillée dans un tissu à l'imprimé très moche, rappelant celui des sièges de la RATP, des coquillettes écrasées dans des couleurs pas franches. Le lendemain, lorsque nous reviendrons le voir, Alex nous confiera que la seule chose qui l'embête, c'est cette blouse immonde. Je le comprends, j'ai toujours détesté les robes de chambre, cet habit un peu dégoûtant. Dernier costume avant le linceul. Et puis, le surlendemain, mon frère dira qu'il s'en fiche. Il s'était habitué.

Dépourvu de boutons à l'exception d'une pression derrière la nuque – peut-on vraiment se faire du mal avec un bouton ? –, le vêtement était entièrement fendu dans le dos, et Alex devait en porter deux superposés, l'un à l'envers, l'autre à l'endroit, afin de ne pas se trouver à demi nu. Double peine. Sa barbe épaisse grisonnait davantage que dans mon souvenir, ses yeux obscurs, soulignés de demi-lunes grises, signaient son pedigree, les jours accablés. Il ressemblait à l'image que je me fais de Van Gogh, génial et désespéré, se débattant dans la solitude de son esprit.

Bienvenue au service des urgences psychiatriques. Autour de nous régnait la grande misère des endroits où l'on accueille les fous partout dans le monde, j'imagine. Des morceaux de murs salis étaient près de tomber, même les chaises en plastique blanc abîmé avaient l'air malheureuses. Rien d'autre que ces sièges en fin de vie, des journaux en lambeaux sur une table de jardin et la télé à fond les ballons. Est-ce qu'un psychiatre imagine sérieusement que le bruit d'émissions débiles – personne ne semblait en état de les regarder – peut faire du bien à des gens ne voyant pas plus loin que le bout de leur déréliction ? Ce fond sonore perpétuel avait peut-être pour but de couvrir les cris de malades. Parfois, l'un s'emballait, poussait des hurlements. Un monsieur avec une tête de Playmobil tournait autour de nous en cercles réguliers. Il comptait ses pas à haute voix, essayait furtivement de nous toucher, Florence et moi.

Bienvenue chez les dingos. Les malheureux du monde. Les invisibles. Personne ne veut voir ces clochards échoués, ces vieillards déchus, cette jeune fille si maigrichonne qu'on aurait dit qu'elle allait tomber en miettes, ces gens absorbés en eux-mêmes ou au contraire très agités, cette femme fantomatique au crâne rasé. La désolation était insondable. En même temps, il aurait suffi de pousser de quelques crans le curseur de notre vision, et de ne pas être intimement concernés, pour que la scène devienne burlesque. Ce monsieur tournant autour de nous et essayant de nous toucher comme s'il jouait à une sorte de chat perché dont il était seul à connaître les règles pourrait faire rire, un peu comme un bonhomme glissant sur une peau de banane. Cette fille baragouinant tout haut une langue inconnue, mais peut-être pas pour elle, possédait un potentiel comique. Qui sait où la raison s'est cassé la figure ?

Non, je suis bien ici. À ces mots, auxquels j'ai souvent pensé par la suite, j'ai compris à quel point mon frère était ailleurs, tombé dans un de ces trous noirs de l'univers dont les chercheurs tentent de percer les mystères. Malheureux, égaré, désespéré, épuisé : je cherchais le mot juste. Je n'arrivais pas à penser à lui comme à un malade. Est-ce une pathologie de juger la vie dégueulasse ? Oui, certainement, quand on a une femme qu'on aime et qui vous aime, des enfants merveilleux qu'on aime et qui vous aiment, un boulot chouette et une belle maison, m'a un jour assuré un ami bien intentionné. Malade ou lucide ? Je ne peux pas m'empêcher de le trouver clairvoyant. La société dans laquelle on vit mérite-t-elle telle-ment qu'on s'y attache ?

L'amour immense qui l'entourait ne lui a pas servi de parachute. Ce ne sont jamais sur les idiots que le couperet de la grande dépression s'abat, en silence, un matin, pour entamer son long travail de sabotage. Sylvia Plath, Romain Gary, Ernest Hemingway, pour ne parler que d'écrivains que j'aime, je ne les considère pas comme malades, ces blessés dotés d'une sen-sibilité trop exacerbée pour supporter de se lever un matin de plus.

Non, je suis bien ici. Par ces mots si incom-préhensibles, j'ai compris qu'en ces lieux sinistres Alex pouvait, non pas se reposer, mais se laisser absorber par le vide afin de mettre sur pause son esprit endolori. Éprouver le rien qui régnait dans ce service le soulageait peut-être, après ces heures tourmentées de questions sans réponse et de décisions avortées. Et pour-tant, même si je devinais confusément ce qu'il voulait me signifier, le savoir emprisonné dans cette camisole à vomir, assis sur un fauteuil de jardin en plastique, sous la lumière verte d'un néon, avec pour seul horizon une rangée de petits lits métalliques cloués au sol aperçus dans l'encoignure d'une porte entrouverte, ce n'était pas humain.

Mon frère était fatigué, sa voix si douce, tant aimée, pâteuse, déformée par les médicaments. Il vivait au ralenti, dormait beaucoup. « C'est parfait, ça m'empêche de penser. » On aurait dit un homme étourdi par une chute, qui ne sait pas encore dans quel état il va se relever. Le médecin entrevu le matin ne lui inspirait pas plus confiance que ça. Mais ça allait, même si, parfois, il était dérangé par les vociférations d'un malade ou la fragrance d'un SDF. Rien de grave… Alex m'a remerciée d'être venue. C'est la meilleure décision que j'ai prise de toute ma vie. Avec garder mon enfant quand j'étais enceinte à vingt ans, mais c'est une autre histoire, peut-être la même, de celles qui nous font accorder notre être avec notre existence, toucher terre puis les étoiles. Il voulait dormir, nous n'avions de toute façon pas le droit de rester. Nous reviendrions le lendemain.

Paris, automne 2015

Mon goût des livres me vient de ma mère et aussi de son père, grand-père Serge, le miroir inversé de grand-père Guy. Ce monsieur imposant, vêtu de sous-pulls soyeux et chaussé de mules en cuir bordeaux, adorait la société de consommation. Cet ogre dévorait l'existence. Lorsque le Rubik's Cube est sorti, il en a acheté dix. Il aimait être le premier à faire main basse sur toutes les nouveautés, par exemple un magnétoscope avec lequel il enregistrait tous les films du ciné-club. Chaque samedi matin, il se rendait à la librairie de Mlle Lavocat, avenue Mozart, chercher tous les livres des auteurs invités à « Apostrophes » la veille. Une partie de sa bibliothèque se trouve aujourd'hui éparpillée dans la mienne : des auteurs déjà oubliés, Muriel Cerf ou Christopher Frank, les jeunes Modiano et Le Clézio, *Diane Lanster*, roman aimé par-dessus tous. Grand-père Serge m'a aussi fait découvrir Stefan Zweig, bien avant qu'il ne soit de nouveau à la mode, m'a offert *La Pitié dangereuse* dans l'ancienne édition des Cahiers rouges. Son livre de chevet, *Le Tour du malheur* de Joseph Kessel, se trouve encore dans la bibliothèque de mon frère, à Montréal, sous la couverture blanche de Gallimard, ainsi que dans celles de tous ses petits-enfants. On adorait, adolescents, les tribulations de Richard Dalleau, avocat cabossé par la Première Guerre mondiale, homme à femmes drogué et libertin. Les scènes de sexe nous grisaient et, curieusement, tout le monde dans notre famille jugeait normal qu'on se vautre, à treize ans, dans ces aventures d'adultes. Cette lecture était un rite de passage – je viens de l'offrir à Juliette en Folio. La littérature possédant le pouvoir de transfigurer la trivialité, on avait l'autorisation de tout lire alors qu'au quotidien nos parents nous imposaient des règles sévères.

Grand-père Serge, homme généreux à l'extrême, s'enfermait dans son bureau pour parler avec ses six enfants, hors d'atteinte de nos oreilles indiscrètes. Mon frère et moi en profitions pour regarder les filles des livres de David Hamilton, dans la bibliothèque du salon. Une couche épaisse de non-dits recouvrait le passé de cet aïeul. Il avait quitté son travail de magistrat militaire après la guerre d'Algérie pour se reconvertir dans le privé où il avait fait fortune. Il consommait comme cinq, semblant rattraper une vie de privations, dépensait sans compter pour gâter ses proches. Avenue Mozart, pas de Tupperware enterré dans le jardin, mais parfois, avec Caroline, on tombait sur un billet de 500 francs caché dans les pages de *Vogue* par ma grand-mère. Nous étions invités à goûter presque tous les dimanches dans l'appartement recouvert de papier japonais jaune. Le couloir n'en finissait pas, les chambres recelaient des objets étranges. On adorait y fouiner, s'y réveiller le matin de Noël et courir dans le salon envahi de cadeaux, au milieu des frères et sœurs de notre mère. Tous parlaient en hurlant. Tous se respectaient.

Certains avaient suivi le droit chemin de la bourgeoisie quand d'autres faisaient du café-théâtre et portaient les cheveux longs jusqu'aux épaules. Notre tante blonde – figurante chez Claude Sautet, grande amoureuse – semblait sortie d'un roman de Françoise Sagan tandis que notre tante brune, la petite dernière, ma marraine, est devenue religieuse. Nous les adorions.

Cette famille-là, vaste méli-mélo de personnages et de sentiments contradictoires, dirigée par un parrain impressionnant derrière ses épais verres fumés, était illisible pour des enfants. Grand-père nous accueillait d'un « Bonjour, vieille noix » qui nous faisait mourir de rire mon frère et moi. Ma grand-mère, douce et blonde à jamais, étincelante de bijoux magnifiques, d'une gentillesse d'anthologie, jouait à la crapette avec nous. Serge et Simone, Guy et Annie, on les a toujours connus vieux ; ces grandes personnes d'une autre époque ont enchanté notre enfance.

Montréal, été 2015

Lorsque nous quittions l'hôpital, Florence et moi étions sonnées et désœuvrées. Je n'ai jamais entendu ma belle-sœur se plaindre, quand vraiment elle n'en pouvait plus, elle lâchait juste un : « Oh la vache ! » Je voudrais lui rendre grâce d'avoir toujours répondu à mes questions avec sincérité, de m'avoir livré des morceaux de leur existence qui me permettaient de me sentir proche d'eux. Nous étions installées dans le jardin, sous l'auvent, il faisait beau, ces heures étaient douces et libres. Quand le jour tombait, nous nous asseyions à la table de la salle à manger. Au-dessus de nos têtes, la lampe avait explosé en mille morceaux le soir de la disparition d'Alex. Sans doute l'avait-il laissée allumée avant de partir chercher un bon endroit pour en finir et, le soir, elle avait cédé sous trop de chaleur, morte. Se garder des présages.

Nous cherchions des moyens d'être efficaces, des services où Alex serait bien soigné. Un soir, Florence a tapé sur Internet le nom du médecin des urgences psychiatriques, le hasard l'a conduite vers un site de notation de tous les médecins du Québec ; drôle d'aujourd'hui où tout le monde, restaurateurs ou professeurs, est noté, sauf les écoliers. Alors là, on était tombées sur un génie. Gratifié d'une demi-étoile sur un barème de cinq, cet homme faisait l'objet de commentaires désastreux : « Le Dr X a détruit toute ma famille », « Le Dr X est un monstre, il ne connaît rien à rien et surtout pas à la médecine psychiatrique. » Un fou rire nerveux nous a prises, nous savions qu'Alex ne resterait pas dans le service de ce Docteur Mabuse, mais quand même. Panique. On se sentait impuissantes. Nous n'évoquions pas l'avenir, ou incidemment. « Merde, il faut qu'Alex soit là pour fêter mon anniversaire », murmurait soudain Florence.

On ne pourra bientôt plus compter sur l'élasticité des tissus, comme le chante Souchon, on fêtera toutes deux nos cinquante ans l'année prochaine. « À nos âges, on ne peut plus être la plus belle, mais on peut être la plus intelligente », conclut Florence avec une sagesse que je lui envie.

Voilà vingt ans qu'elle vit aux côtés de mon frère, guettant sa respiration, sentant à son regard un peu plus noir, à un haussement d'épaules, à un mot soudain violent ou une envie de rien tout ce qu'il éprouve. Elle sait quand les pensées d'Alex s'emballent, que son cerveau se met à pédaler à toute vitesse dans le vide. Elle imagine de subtils subterfuges pour le sortir des dimanches soir, des mauvaises passes, son attitude n'a rien à voir avec l'abnégation.

Elle l'aime avec force et grâce, les soirs délirants de fête d'Halloween et les petits matins où il n'a pas envie de prononcer un mot. Pour autant, elle n'a rien d'une ombre, elle est brillante, déterminée, dirige la stratégie de la plus grosse agence de publicité de Montréal. Cette femme a une longueur d'avance sur tellement de gens, une intelligence des situations conjuguée à un courage sans états d'âme. Peut-être que vivre avec un homme de montagnes russes a développé chez elle, en même temps qu'un sixième sens, un sens de la mesure. Elle sait distinguer le tracas du pire, faire la part des choses et des gens.

Ensemble, on pensait qu'on y arriverait.

Paris, automne 2015

Quand mon frère a-t-il chaviré ? Mué de
Petit Prince en roi mélancolique ? Existe-
t-il un point de rupture ou le découragement
a-t-il envahi ses veines en douce ? Lorsqu'un
médecin mettra enfin un nom sur la maladie
qui lui pourrit la vie jusqu'à la moelle, il nous
expliquera qu'à l'adolescence elle n'est en
général pas diagnostiquée parce que ses symptômes se confondent avec le mal-être propre
à cet âge : estime de soi fluctuante, idées
sombres, angoisses.

Quand je scrute les photos de lui à quinze
ans, son visage donne un peu l'impression qu'il
marche à côté de sa vie. Il est moins blond,
plus grand, un brin maussade, son regard
cherche un horizon. Depuis toujours, il dessine comme il respire. Dans ma bibliothèque,
les exemplaires abîmés des classiques Larousse
(je me souviens de la phrase apprise par cœur

pour retenir les auteurs du XVIIe siècle : « Une Corneille, perchée sur la Racine de La Bruyère, Boileau de La Fontaine Molière. »), passés de Caroline à moi puis à Alex, puis de nouveau à moi lorsque j'ai entamé des études de lettres, sont remplis de personnages de bandes dessinées, beaucoup d'essais de typo aussi dans les marges. Des A partout. J'aime les livres, mon frère les lettres.

Après son bac, il a intégré l'école d'arts graphiques de Penninghen, muni du mantra de notre père : « Faites ce que vous voulez, mais soyez les meilleurs. » Pour mes parents, c'était courageux d'accepter et d'accompagner le choix de leur fils, de l'autoriser à faire ce qu'il aimait, sans savoir très bien sur quel métier ces études déboucheraient ; personne ne sait tenir un crayon dans la famille. Personne n'est artiste. Dans cette école, il semblait heureux, à sa juste place, même si la charge de travail était lourde et l'avenir angoissant, chaque année risquant d'être la dernière, les élèves médiocres renvoyés.

Alex épatait tout le monde par son talent, il avait de l'entrain, de nouveaux amis, une bonne tête sur les photos. Il passait des nuits à dessiner, notre mère aimait le rejoindre dans sa chambre transformée en atelier, tard dans la soirée, parler de ses travaux en cours. L'un de

ses devoirs fut de réaliser un monument funéraire. Mon frère s'était lancé dans un projet
compliqué, butait dans son exécution. Ma
mère eut alors l'idée de Jean Cocteau. Rentrant
à une heure du matin d'une soirée chez des
amis, je les ai trouvés tous les deux en train de
décrocher la glace de la salle de bains. Pendant
qu'il y peignait le mot « Hélas », imitant
l'écriture si particulière de Cocteau, accompagnée de l'étoile ponctuant sa signature,
je fus chargée de chercher dans ma bibliothèque (Internet n'existait pas) le poème où
l'écrivain compare la mort à la traversée d'un
miroir. Alex l'a appris par cœur. Le lendemain,
lorsque les élèves ont étalé leurs travaux selon
l'usage, le professeur a tout de suite demandé
en pointant le sien : « Qui a fait ça ? » Alex a
eu la meilleure note et a fait pleurer son professeur lorsqu'il a récité les strophes de Cocteau.

En rencontrant des gens d'autres milieux que
le sien, en s'accomplissant dans le dessin, Alex
s'est transformé, mentalement et physiquement.
Délaissée, la panoplie de minet du seizième,
chaussettes Burlington, pull en V et parka bleu
marine. Désormais, il choisissait ses vêtements
avec un soin méticuleux. Il a développé un goût
pour les beaux habits. Il n'a jamais été dandy,
mais il aimait ne pas ressembler à tout le monde,
cherchait des pièces sortant de l'ordinaire.

À mon mariage, il était arrivé vêtu d'un costume clair très élégant, et il portait des mocassins en requin doré.

À vingt ans et des poussières, il découvre qu'un ailleurs existe, il s'y engouffre.

Il apprend une nouvelle manière de vivre, il en est heureux.

Il bosse comme dix, il fait les quatre cents coups.

Je me souviens de cette aube où il m'avait téléphoné pour me raconter sa nuit au commissariat de la place Saint-Sulpice. Il avait été arrêté rue des Canettes avec un copain, les deux trop bruyamment enivrés. Après les avoir fouillés comme des voyous – mains sur la tête, on ne bouge plus, ça l'avait marqué –, l'agent de police était tombé sur des cartes de police aux noms de Starsky et Hutch. Ces identités télévisées avaient beau leur enlever toute mauvaise intention, les papiers étaient si bien imités qu'ils avaient valu aux deux brillants faussaires de passer plusieurs heures au poste attachés avec des menottes au radiateur. J'entends encore les accents penauds de son rire.

Et ce garçon joyeux trimballait dans sa poche ces mots sans issue de Faulkner, recopiés sur un morceau de papier retrouvé par Florence dans son portefeuille de l'époque.

Mots gardés toute sa vie à portée de main et de pensée.

C'est qu'il arrive tant de choses. Il arrive trop de choses. C'est cela. L'homme accomplit, engendre tellement plus qu'il ne peut, ou ne devrait, supporter. C'est ainsi qu'il s'aperçoit qu'il peut supporter n'importe quoi. C'est cela. C'est cela qui est terrible, le fait qu'il peut supporter n'importe quoi, n'importe quoi.

Light in August

Il est sorti quatrième de sa promotion de Penninghen. Un de ses professeurs était déçu qu'il ne soit pas premier, Alex non. Il n'a jamais voulu être plus fort que les autres, il était content quand on comprenait ce qu'il avait voulu exprimer, c'était le plus important pour lui.

Diplômé, il a tout de suite trouvé du travail dans une agence de design, puis une autre. De ces années reste encore le gros ours qu'il avait dessiné pour la chaîne Columbus Café. Le logo n'a pas changé depuis.

Son histoire avec sa première amoureuse, la pétillante Barbara, n'a pas survécu à sa transformation à Penninghen. Ils s'étaient rencontrés adolescents, formaient ce que les magazines appelaient alors un « babycouple », vivaient comme des vieux, fêtant avec méticulosité leur première rencontre, leur première année. Puis il a rencontré Isabelle, une toute petite jeune femme blonde avec des yeux presque transparents à force d'être clairs. Leur appartement ressemblait à cette fille sage, un cosy nid d'amour bleu et blanc quand mon frère n'aime que les couleurs sombres. Et puis, au retour d'un voyage aux États-Unis avec toute la famille de son amoureuse, Alex s'est trouvé dos au mur. Le père d'Isabelle lui a demandé de s'engager clairement. Alex a refusé. Les parents d'Isabelle ont déménagé tout l'appartement, et mon frère est revenu chez mes parents, ils avaient même pris son lit !

Puis, le jour de Noël, Alex nous a présenté Florence. Elle était très grande, très brune, très belle, très différente de Barbara et d'Isabelle. Son caractère et son intelligence étaient visibles à l'œil nu. Timide mais solide. On a tous pensé, sans se le dire, qu'elle ressemblait énormément aux photos de notre mère jeune fille. On l'a adoptée.

Montréal, été 2015

Un soir, après une visite chez les dingos (ah *Les Dingodossiers* lus et relus pendant l'enfance), je demande à ma belle-sœur de me raconter son histoire avec mon frère :

« J'ai rencontré Alex chez Desgrippes, je revenais de congé maternité, mon fils François avait trois mois. Lui arrivait juste, c'était même son premier jour de boulot dans cette agence de design. Très vite, je me suis dit : "Merde, la vie est injuste, je viens d'avoir un bébé alors que je devrais être avec ce gars-là, c'est vraiment trop bête." Il paraissait confiant, flamboyant comme tu dis souvent, théâtral, aimant faire des blagues, surprendre, cette partie de lui dominait à cette époque. Je l'ai découvert extraverti, extravagant, aimant mettre de la musique à pleins tubes dans des endroits où ça ne se faisait pas, se mettre tout nu et faire des trucs spectaculaires. On travaillait ensemble, et je voyais qu'il en bavait aussi, il ne supportait pas la critique. Les obstacles rencontrés au travail l'entamaient, il vivait très mal d'être remis en question. Quand on fait un métier artistique, que l'on bosse des jours et souvent des nuits sur un projet, c'est difficile d'entendre un client juger sa création d'un lapidaire : "Non, je n'aime pas le bleu." En agence, c'est la règle, au bout du processus, dix personnes donnent leur avis sur un projet dans lequel on s'est beaucoup investi, les commentaires des collègues et des clients ne sont parfois ni habiles ni délicats. Cela peut être rude, il faut être aguerri et il ne l'était pas.

« Il n'aimait pas être en compétition avec des hommes. Peut-être parce qu'il n'avait que des sœurs, je ne sais pas. Ubisoft était un univers très masculin dans lequel il se sentait en rivalité et en insécurité. Mais, lorsque je l'ai rencontré, il n'y avait presque que des filles dans l'équipe, c'était le contexte idéal, d'autant qu'elles étaient fans de lui. Comme elles voyaient qu'on s'entendait bien Alex et moi, elles venaient me voir : "Je le trouve super, tu ne veux pas m'aider ?" Je lui ai arrangé des histoires avec d'autres filles avant d'être avec lui, j'enrageais, mais je l'ai fait.

« J'étais quand même groupie aussi.

« On s'est installés ensemble, rue Saint-Saëns, dans le quinzième arrondissement, à côté du métro aérien, pas très loin de l'agence et de l'école de François qui devait avoir deux ans et demi. Il l'a aimé sans condition, comme un fils dans lequel il se reconnaissait.

« Pour Juliette, on a appris chez son copain Jacques, le 31 décembre 1998 ou le 1er janvier 1999. On ne vivait plus ensemble à ce moment-là, il était parti avec une autre, mais bon, nous étions restés proches, on s'embrassait, on avait gardé un contact physique et je suis tombée enceinte. D'une certaine manière, on n'a jamais cessé d'être ensemble, même s'il y avait cette autre fille. J'étais super-malheureuse mais, au fond, je sentais qu'il y avait toujours un lien fort entre nous. On n'était pas mariés, on n'avait pas d'enfants, on aurait pu se quitter du jour au lendemain. Nous ne partagions plus le même appartement, mais il venait souvent chez moi, on sortait ensemble, cette relation n'était pas complètement morte. Notre histoire valait la peine, malgré tout, j'en ai toujours été persuadée. Je n'ai jamais renoncé à lui. Il m'a demandé de venir pour Noël chez ses parents, avec toute sa famille, cette proposition ne manquait pas d'ambiguïté. Un premier pas vers une réconciliation, peut-être.

« On ne devait pas fêter le 31 décembre ensemble, sans doute avait-il prévu une soirée avec la fille. Pourtant, vers midi, il m'a téléphoné : "Et si on partait pour Nice chez Jacques ?" Évidemment, j'ai dit oui, j'aurais dit oui à tout. Nous avons quitté Paris à cinq heures de l'après-midi, sommes arrivés vers une heure du matin. Et là, on a fait le truc… Je soupçonnais quelque chose, dans l'après-midi j'étais passée à la pharmacie acheter un médicament, sur le comptoir, comme souvent, il y avait des tests de grossesse, j'en avais acheté un, car je commençais à avoir pas mal de retard pour mes règles. À six heures du matin, j'ai fait le test, j'étais enceinte. On a halluciné !

« Alex était hyper-content. À sept heures, il a appelé l'autre fille, bye, c'est ça qui est fou ! De retour à Paris, quelques jours plus tard, je suis allée consulter un médecin. Il m'a accompagnée et, sur le chemin du retour, il m'a dit le plus simplement du monde : "On se marie !" Là encore, il était très heureux.

« Nous avons emménagé ensemble dans un appartement de la rue des Martyrs en février, on s'est mariés en Bretagne en mai, Juliette est née en août. Première année, super, deuxième année, je ne sais pas, était-ce le boulot, la vie de papa alors qu'il était assez jeune, l'impression de devenir un adulte qui ne lui ressemblait pas, un peu tout ça sûrement, crise de nouveau. La période était difficile à l'agence, il s'inquiétait, travaillait énormément, il s'est mis à boire beaucoup, il l'a reconnu plus tard. S'est enclenché un cercle vicieux, le mal-être au bureau, le mal-être avec l'alcool, le mal-être dans notre couple, un truc qui l'encerclait. Il a quitté la maison à l'automne pour habiter dans un appartement, pas très loin, rue Pigalle. On était toujours proches, on se voyait, mais il avait besoin de vivre ses trucs. Une fois encore, nous avons passé le soir de Noël ensemble à la maison, c'était un moment cool. Puis, en février, il a fait sa première tentative de suicide. »

Paris, automne 2015

À trente ans déjà, mon frère avait voulu mourir vraiment. Il traversait une période glauque, s'était séparé de Florence pour une fille au prénom composé qu'il m'avait présentée. Je me sentais écartelée entre ma loyauté pour Florence, à mes yeux le seul amour de mon frère, et mon affection pour lui. Mais j'aurais traversé l'enfer en stop pour Alex. J'ai déjeuné avec cette amoureuse contingente, intelligente et charmante, pas du tout son genre, très BCBG, elle portait même un serre-tête. Il avait quitté une muse de rocker pour une groupie du pianiste, étrange. Elle devait être sacrément folle d'Alex, et j'ai senti qu'elle l'était, car, sur le papier, il ne faisait pas figure de fiancé idéal, marié, père d'un bébé d'un an, picolant sec et dépressif, quel cache-misère que ce mot. Mon frère savait être irrésistible même dans les mauvaises passes, il ne faut jamais l'oublier. Il allait mal, magnifiquement, et ai-je parlé de sa douceur ?

Pendant les vacances de février, il s'était fait hospitaliser dans une clinique de repos, proche de Paris, un établissement accueillant des patients aux maladies sans nom, des gens qui ont perdu pied et souhaitent reprendre leur souffle. Lui voulait arrêter de boire, peut-être faire le point sur une vie sentimentale confuse, dans laquelle il se noyait. Florence lui rendait visite chaque jour, attentive, proche, morflant mais ne le jugeant pas. Il l'avait présentée comme son épouse aux médecins, elle l'était toujours, même s'il poursuivait son histoire avec la fille au serre-tête. Qui a deux femmes perd son âme... D'autant qu'il n'était pas un homme à petits arrangements. Il avait embarqué néanmoins son épouse dans sa cure, mais, à sa sortie de la clinique, avait prévu quelques jours de vacances à Barcelone, avec sa maîtresse.

La vie tient à un fil, vieux cliché, la première mort de mon frère a tenu à un coup de fil. Air France a fait une gaffe, une hôtesse a appelé la vraie et unique Mme de Lamberterie pour confirmer le vol pour Barcelone. Florence a compris que son mari avait projeté de partir avec une autre, et, pour la première fois de sa vie, peut-être la seule, elle est sortie d'elle-même. « Je lui ai crié dessus au téléphone, *va te faire foutre*. Je n'avais jamais haussé le ton, mais là, j'étais en colère. Il en a été surpris, vexé et blessé. »

Le calme est revenu. Alex a appelé Florence pour lui dire bonsoir. Un autre appel, un peu plus tard : « J'ai oublié de te dire que je t'aime, tu es vraiment la fille la plus... la femme la plus... Je suis désolé... »

Un quart d'heure après, Florence trouvait étrange ce coup de téléphone, cette façon de vouloir lui rappeler qu'il l'aimait. Pourquoi ? Ces mots résonnaient comme un signal, venaient se cogner contre un angle mort. Elle avait beau se raisonner, son inquiétude grandissait. « Mon mari s'était piégé et je sentais qu'il n'arrivait plus à s'en sortir. » Elle a de nouveau composé le numéro de la clinique, demandant à l'infirmier de garde de bien vouloir jeter un œil dans la chambre de son mari afin de vérifier qu'il allait bien. Le garçon rechignait, il avait déjà effectué son dernier tour de garde, rien à signaler. Elle a dû insister, s'est emportée : « Retournez-y, je vous le demande ! » L'infirmier s'est exécuté à contre-cœur. Et a rappelé Florence, affolé, quelques instants plus tard : « Il faut que vous veniez tout de suite, M. de Lamberterie s'est ouvert les veines dans la baignoire. »

Alex a été transporté en ambulance aux urgences d'un hôpital de banlieue, dans le sud de Paris. Une amie de Florence a débarqué en catastrophe rue des Martyrs pour garder les enfants endormis tandis qu'elle sautait dans un taxi. Alex a été cousu, pansé, soigné. Rapiécé. J'ignore s'il aurait pu en mourir, mais il s'était profondément tranché les poignets. « C'était dégueulasse », m'a confié plus tard Florence. Les médecins ont organisé son transfert vers l'hôpital psychiatrique de Maison-Blanche, à Neuilly-sur-Marne.

À Maison-Blanche, silence radio, pas de visites. Les médecins parlaient flou. Quand Florence avait réclamé des nouvelles, par téléphone, insistant : « OK, je suis encore sa femme », un psychiatre avait botté en touche : « Je ne peux pas vous dire grand-chose. Il faut qu'on établisse un bilan bla bla… » Mais il lui avait balancé un truc dingue, au cours d'une conversation de quelques minutes seulement, alors que mon frère était arrivé depuis quelques heures à peine : « Madame, vous devriez renoncer à cette relation. » Des années plus tard, Florence se souvient encore de la violence de cette injonction, de son incongruité sans appel. « Mais de quoi il se mêlait ce con ? Pourquoi m'avoir dit cela ? »

Ce même médecin, un Polonais désagréable qui lâchait ses mots telles des bombes, a consenti à recevoir mes parents au début de l'hospitalisation de leur fils. Il n'a pas mis de nom sur la dépression/les gouffres/le plomb/la tristesse/la merde, mais il leur a assené : « Votre fils souffre d'une maladie très grave. » Puis, monsieur, madame, bonjour chez vous, démerdez-vous avec ça.

Pour une fois, ça n'allait pas passer.

Par la suite, cet homme s'est montré fuyant devant les ennemis que nous semblions figurer pour lui, famille présente et importune, incapable de proposer un traitement autre que des médicaments de toutes les couleurs. Lorsque, grâce à mon amoureux d'alors, un grand professeur de neurochirurgie, j'ai réussi à obtenir une place à l'hôpital Sainte-Anne, où nous avions l'espoir qu'Alex serait enfin soigné, ce con en chef s'est opposé au transfert d'Alex. J'entends ses raisons hallucinantes comme si c'était hier. La haine n'est pas mon sujet, mais je me souviens de mon envie de lui sauter à la gorge et de l'insulter. Je ne l'ai pas fait parce que nous avions besoin de son autorisation de sortie, mon père et moi ayant signé une hospitalisation forcée, contre le gré d'Alex : « Votre frère aide beaucoup les autres patients. Il est très précieux pour nous, je souhaite qu'il reste. »

Alex organisait les distributions de cigarettes, écoutait les malades, les réconfortait parfois. Il était, chez les fous comme dans la vie, altruiste et charismatique.

Mon père et moi visitions Alex presque quotidiennement. Un malade, que nous avions surnommé Gargamel, tant il ressemblait au méchant dans la bande dessinée des *Schtroumpfs*, était persuadé que papa était président de la République. Jacques Chirac en personne. Chaque fois que nous arrivions, il venait lui serrer la main avec respect : « Bonjour, monsieur le Président. » Au début, on a tenté un : « Mais non mais non. » Mais on a vu que ça lui faisait plaisir, à ce pauvre bougre, alors mon père a très bien joué le Président. Une après-midi où j'étais venue toute seule, Gargamel en a été furieux. J'aurais adoré qu'il me prenne pour Bernadette, mais non, il devait penser que j'étais une secrétaire. J'ai dû lui expliquer que Jacques Chirac avait trop de travail pour venir aujourd'hui : ben oui, quoi, président, c'est pas une partie de loisirs. Nous sommes devenus copains. Je me souviens d'une femme couverte de pansements, les bras, les jambes, le cou, elle avait tout essayé pour en finir avant de se transformer en une furieuse momie. Et d'une toute jeune fille pesant quoi, trois plumes, quatre os. La regarder faisait mal. Et des autres malades, pierres qui roulaient dans tous les mauvais sens.

Dans les carnets en carton noir, tous identiques, où Alex jetait des notes, j'ai découvert ses impressions de ces jours ravagés par l'angoisse. Lundi 25 février 2002, il a écrit : FIN. Qu'il ait pris la peine de tracer ces trois lettres capitales et crispées avant d'aller se coucher dans la baignoire bientôt rouge sang me transperce le cœur.

Puis il y a retranscrit ce qu'il a vécu après avoir raté sa FIN.

Urgences de Clamart,

Hôpital Maison-Blanche (pavillon 57)

Mardi 26. Chambre d'isolement (pavillon 61). Internement de force Mercredi 27. Pareil, Un peu libre.

Jeudi 28. Meilleure forme.

Vendredi 01. Kafka + Brazil. 3 médecins. Une place libre à Sainte-Anne mais blocage administratif. Retour au pavillon 57 jusqu'à lundi ?

Dimanche 03. Aujourd'hui, il fait très beau. Un ciel bleu éblouissant. Des ombres magnifiques sur les toits et les pelouses et les arbres. J'aimerais bien aller courir mais je n'ai pas le droit. Enfin, j'ai fait ma gym.

Lundi 4 mars, pavillon 57 toujours. Ce qu'il y a de surréaliste ici, c'est que, lorsqu'on s'adresse à quelqu'un, on ne sait jamais sur qui on tombe : un malade peut vous regarder vaguement sans comprendre ; ou répondre complètement à côté, ou commencer normal et puis partir dans un délire. Ou tout simplement s'en aller.

Au pavillon 68, c'était plus dangereux, il pouvait se mettre à se battre, à hurler ou à baver ou à vous coller. On ne sait jamais trop ce qu'ont les gens. En général, on n'en parle pas. Donc, il peut y avoir des schizophrènes, des dépressifs, des débiles légers ou profonds, et il y a aussi beaucoup de gens malheureux. Mais quand on prend la peine de leur parler, en général, ils sont contents. Le seul point commun de tous ces gens n'est pas leur maladie, c'est d'habiter le neuvième. C'est absurde ! Ça fait un sujet de conversation : Tu es d'où toi ? de quelle rue ? Ah oui, je vois, près du tabac. Il est bon, le pain de la boulangerie d'en haut ?

Touché par la beauté qui, parfois, surgissait, la lumière, un détail d'architecture, Alex m'avait réclamé un appareil photo jetable – c'était interdit, mais s'il m'avait demandé une kalachnikov, j'en aurais volé une. L'endroit avait dû être splendide. Quand, des années plus tard, j'ai vu Mathieu Amalric jouant un drôle de gars interné dans *Rois et reine*, le film d'Arnaud Desplechin, il m'a rappelé mon frère par sa fantaisie, son empathie, sa démarche à côté de ses pompes. Alex était un roi. Mon roi. Fêlé, il a pris la peine d'écouter ces chiens perdus sans collier du neuvième arrondissement. Il a eu envie d'en saisir les étincelles. Un infirmier a repéré l'appareil photo. Le médecin polonais a piqué une crise, m'a convoquée : rien ne devait sortir de cet hôpital, ni images ni textes. J'étais journaliste, je lui faisais peur. Qu'avait-il à cacher, hormis son incompétence crasse ?

Mardi 5 mars. Mes parents viennent m'enlever. Nous partons pour Sainte-Anne. Comme on est en avance, on va déjeuner dans une brasserie. C'est cool.

Le Polonais ne voulant pas lâcher son malade modèle, Papa a pris sa voix n'autorisant aucune contradiction, la colère et la détermination lui avaient fait gagner quelques centimètres de plus. Il était immense, il était impressionnant, et il a affirmé qu'il ne repartirait pas sans son fils. Dans les situations qui dépassent de trois têtes le commun des mortels, mon père, cet homme des grandes occasions, surgit de lui-même. Il agit sans perdre son sang-froid. Et il est mon héros ces jours de trombes de sentiments. La sortie d'Alex était bordée administrativement, mais le Polonais a joué la scène de l'acte V. « Si votre fils saute de la voiture en ouvrant la portière sur l'autoroute, et s'il meurt, ce sera votre responsabilité. » Mon père n'a pas flanché et, après de longues négociations, nous nous sommes fait la belle avec Alex.

8 mars. Prendre rendez-vous avec alcoologue. Première épreuve : déjeuner chez mes parents. Rosbeef, pommes sautées, et... pas de vin. Sensation bizarre par moments, mais en fait, ça va. Mais je mange deux fois plus. Du coup, sieste jusqu'à 5 heures. Je n'ai pas beaucoup vu ma Juliette.

10 mars 2002. Durée hospitalisation. Quel suivi après ? Convalescence. Mi-temps thérapeutique. Beaucoup de questions. Psychologue. Comportementaliste.

Mais qu'cst-ce qu'ils ont fichu tous ces médecins ? Ils ont donné à mon frère des médicaments et des rendez-vous. Alex a pansé ses plaies, maté sa mélancolie sans en arracher les racines. Le cafard, cette sale bestiole, résiste à presque tout. Parce qu'il avait trente-trois ans, une épouse, une toute petite fille et un garçonnet de cœur, il a relevé la tête. Patiente, jamais revendicatrice, son épouse l'a aidé à franchir ce gouffre : « Je trouvais que ça valait la peine de l'attendre. »

Aucune maladie n'a été identifiée, aucun traitement à long terme décidé. Mon frère est reparti dans la nature avec les poings serrés et quelques comprimés dans ses poches.

Paris, automne 2015

J'ai l'impression de vivre dans un théâtre de marionnettes. Je suis invitée à un défilé de mode. Au premier rang sont alignées des actrices célèbres lunettées de noir alors que règne l'obscurité. Elles ne doivent pas être assez payées pour sourire. L'une, dont la crinière noire ébouriffe toujours les photos, a trois longs cheveux, un de chaque côté, et un autre derrière. Une autre est habillée comme le Petit Chaperon rouge, grasse comme si elle avait dévoré le loup. Une troisième n'en a que pour son caniche, glissé dans son manteau de fourrure, sa poitrine est si exposée qu'on croirait qu'elle va lui donner le sein. Une autre encore, je sais que c'est mal de le penser, est le sosie d'une guenon. Au bout du rang, une influenceuse en chef de la beauté aurait bien besoin d'une douche. Leurs chaussures me fascinent : des sandales peu raccord avec la météo, des chaussures de ski à talons aiguilles, des mocassins de bénédictines. La plupart souffrent de n'avoir pas mangé depuis plusieurs jours, la seule action sensée serait de leur donner un sandwich. Elles sont toutes défraîchies, malgré leurs vêtements neufs, on dirait qu'elles sortent du bal du dernier volume de *La Recherche du temps perdu*. Leurs yeux sont rivés sur leur téléphone. Elles font très bien semblant de s'ennuyer. On hésite : sont-elles empaillées ou évadées du musée Grévin ? Seule Catherine Ringer, la chanteuse des Rita Mitsouko, a l'air vivante avec son chignon gris et sa robe de paysanne roumaine. Et moi, vêtue d'un vieux manteau, je me sens saine comme Heidi sur sa montagne.

Le show commence, les portables se lèvent, toutes regardent le défilé par le biais de ce filtre. La plupart des mannequins sont couvertes de boutons mal dissimulés par un emplâtre de fond de teint luisant, leurs sourcils sont brossés à l'envers, j'ai peur que leurs jambes immenses et tordues ne s'emmêlent jusqu'à les précipiter par terre sur le podium. Elles ne sont pas belles, elles sont maigres. Pourquoi ne sont-elles pas à l'école, certaines n'ont même pas l'âge du brevet. Mais les robes sont somptueuses, je suis éblouie et, avant même l'extinction des projecteurs, emportée par mon enthousiasme, j'applaudis à tout rompre, comme mes fils à la fin du cirque. Ma voisine me regarde avec mépris, décale ses fesses de dix bons centimètres pour créer une ligne Maginot entre nous, histoire de bien montrer qu'elle ne connaît pas la plouc que je suis. Ici, les femmes applaudissent comme des petits vieux en fin de vie, du bout de la main où est blotti le dernier iPhone, c'est peu pratique et grotesque.

Puis tout le monde se chuchote que c'était très moche avant d'aller féliciter chaudement le couturier selon un rituel organisé. « Surtout ne pas lui tendre la main, il ne supporte pas qu'on le touche. Et ne lui dis pas que c'était magnifique, il déteste, dis-lui que c'était moderne », me glisse l'amie initiée retrouvée dans la file d'attente vers la coulisse. Le maître a des cheveux d'une drôle de couleur, assurément pas d'origine, un sourire figé sur une bouche de cent vingt-deux dents blanches, presque transparentes, et il est habillé en majorette.

Je pense à mon frère, tout à coup, mon roi nu me semble plus vivant que tous ces visages dépourvus de rides, et ses amis au regard effacé plus sensés que cette assemblée de fausses-semblantes. Qui est mort, qui a tort ? Ces gens ne savent même pas qu'ils ont perdu la raison.

Montréal, été 2015

Retour chez les invisibles. Je ressentais une compassion infinie pour ces êtres échoués dans ces urgences de fin du monde. Le monsieur aux yeux ronds rôdait toujours autour de nous en cercles concentriques. Florence et moi étions les uniques visiteurs. Personne pour s'intéresser à ces seuls à lier. Une nouvelle patiente étonnait. Cette minuscule femme métisse, coiffée d'immenses dreadlocks blondes, si lourdes qu'on pouvait craindre qu'elles ne fassent basculer sa silhouette menue en arrière, berçait un bébé serré sur son cœur. Elle fredonnait doucement des chansons à une grosse poupée en plastique sale. Les infirmières se sont consultées en habituées : « On lui enlève maintenant ou plus tard ? » Je priais silencieusement un Dieu égaré en ce rendez-vous de la dernière chance qu'elles la lui laissent.

Alex portait sa blouse moche, j'ai compris pourquoi elle me donnait tellement le cafard.

Nous étions pré-ados, appellation non homologuée encore par les psychologues auteurs de best-sellers. Recroquevillés et serrés l'un contre l'autre dans le canapé de cuir marron du salon du boulevard Beauséjour, nous regardions à la télévision, spectateurs clandestins pendant que nos parents étaient sortis dîner, *Deux hommes dans la ville*. Un bourreau découpait le col de la chemise d'Alain Delon sous le regard de son avocat : Jean Gabin n'avait pas réussi à le sauver. Tétanisés par cette tragédie trop grande pour nous, Alex m'avait pris sagement la main – « Allons nous coucher » – avant que tombe le couperet de la guillotine. Ce col coupé de la chemise pour que rien ne gêne la lame (sur le moment, je n'avais rien compris, j'avais trouvé très énigmatique qu'on découpe sa chemise avant de le faire mourir) est identique au col absent de cet uniforme des urgences psychiatriques.

Alex était fatigué, le visage crispé, les yeux presque au beurre noir, les lèvres desséchées qui font la bouche malade, le regard las mais pas là. Incomplet. Les médecins avaient baissé le dosage de ses médicaments, il paraissait moins ensuqué et plus poreux à la réalité. Je ne trouvais pas les mots, lui serrais les mains.

La journée n'en finissait pas, il n'avait droit à rien, tout pouvait être dangereux. Ici, on était enchaîné à son mal-être avec seulement la télévision en boucle pour ne pas penser. Il avait revu le médecin dont il parlait sans conviction. Je le regardais, jaune, raide, si proche de larguer les amarres. Et je me sentais impuissante.

Notre amour n'allait pas suffire.

Nous avions besoin d'aide. Florence et moi avons essayé d'interroger la responsable du service. Elle était compréhensive, parlait avec un accent polonais, décidément la Pologne s'intéresse de près à mon frère, conjugué à des expressions québécoises. Elle espérait qu'un lit se libère dans un service de soins intensifs psychiatriques plus confortable, disons moins spartiate. « Les soignants ont entrepris de faire un bilan médical, il semble que M. de Lamberterie ait un problème de consommation. » De quoi ? Dans les hôpitaux, on dit toujours un mot pour un autre. Comme un enfant qui avait trouvé un trésor, la responsable nous expliquait qu'on allait soigner son *addictologie*.

« C'est une fausse piste », lui a répondu Florence. Son mari buvait trop parce qu'il allait mal. La forêt cachait l'arbre. La maladie se planquait derrière la bouteille. Peine perdue. La dame enchaînait avec « une association de soutien aux alcooliques dans laquelle M. de Lamberterie pourrait apprendre à adopter une consommation modérée ». Ma belle-sœur a sorti un argument-choc : « Dans la famille de mon mari, beaucoup d'hommes se sont suicidés, ce n'est pas un problème de consommation. » Elle avait adopté la rhétorique médicale ampoulée pour tenter d'être entendue. On a répété qu'on voulait voir un médecin, mais, visiblement, les médecins, eux, n'avaient pas très envie de nous voir.

Paris, automne 2015

Comment vais-je travailler si je ne peux plus lire ? Les mots se font la belle avant même que leur sens atteigne mes neurones. La lecture n'est plus qu'une débandade. Je tente *Être au monde, 52 poèmes pour apprendre à méditer.* Retrouver le sens du sacré, l'esprit plus vaste que le ciel, être pleinement soi, goûter à la plénitude du rien. Tout me va, je voudrais parler aux oiseaux, saluer le soleil, manger des graines germées, mais je dévore les Pépito des enfants en fumant des clopes et en regardant le plafond.

Les romans m'assomment, les comédies me semblent crétines, les drames indécents, tout sonne faux, seule la réalité servie bien saignante retient mon attention. Je deviens sinistre. Mon quotient émotionnel est complètement déglingué.

7 h 30, je suis dans le taxi vers France 2, pour aller faire ma chronique à *Télématin* sur un livre avalé sans réfléchir, avec beaucoup d'images, pour colmater mes failles. Le chauffeur est content de m'emmener : « Vous êtes la fille de la télé ? Je vous regarde tous les matins, je vous adore. Je bois vos paroles. » Je le remercie, acquiesce à tout ce qu'il me dit, les cravates de William Leymergie, l'injustice du départ de Julien Lepers de « Questions pour un champion ». Je lui demande ce qu'il aime lire, il me répond : « Quel temps va-t-il faire aujourd'hui ? » Je lui fais part de mon ignorance. « Allez, à moi, vous pouvez le dire en avant-première ! » Il me prend pour une Miss Météo, cela me fait rire, je ne le détrompe pas, et je lui raconte avec force anticyclones qu'il va faire magnifique. Plein soleil, monsieur.

Tout d'un coup, la beauté d'un livre me happe. Dès le premier chapitre, sur une plage de Californie, un soir de pleine lune, une jeune fille entre tout habillée dans l'eau avec l'intention de ne pas en sortir. Ce roman d'Alfred Hayes, *Une jolie fille comme ça*, me tord les boyaux. Je continue à chercher des signes partout, y croire sans y croire, comme les enfants.

Sur mon ordinateur, je tombe sur les mails que mon frère envoyait à toute la famille la première année de son installation à Montréal.

Après la grande dépression qui l'avait conduit à Sainte-Anne, il était inenvisageable pour lui de poursuivre l'existence dont la pression l'avait envoyé au tapis. Il avait donné sa démission, refusée par son patron qui lui avait proposé de le muter à New York. Alex n'avait pas voulu, arguant que le stress, là-bas, serait plus insupportable encore qu'à Paris. Pourquoi pas Montréal ? Des Canadiens venaient en effet de racheter une partie des capitaux de la société. Mon frère y avait travaillé une semaine en début d'année, il avait beaucoup aimé la ville. Il avait l'intuition que c'était l'endroit où quelque chose allait se passer.

Alex avait une longueur d'avance. En 1993, il avait déclaré à ce même patron : « Je pense qu'il faut faire des sites Internet, c'est ça l'avenir », peu de gens y croyaient à cette époque. Détecter de nouveaux artistes, designers, musiciens, sentir la modernité, chercher la nouveauté, il était à l'affût. Ces découvertes le nourrissaient positivement, mais, en même temps, il absorbait une partie des angoisses ou des peurs très contemporaines, elles l'affectaient négativement. Il consacrait beaucoup de temps à lire des informations sur le Web, il y tissait sa toile.

Il était très nihiliste, il n'a jamais participé à un mouvement politique même s'il était fasciné par les révolutions, mais il a cru à Montréal.

Il a demandé à Florence de partir avec lui. Chez Paris Venise, l'agence où elle travaillait comme graphiste, on lui proposait de devenir associée, professionnellement elle vivait un moment important. Mais elle ne s'est pas posé la question une demi-seconde. Elle a renoncé à tout, elle a dit oui. « Notre relation a toujours été ma priorité, une évidence, il fallait que je la protège tant que j'y sentais la moindre parcelle de vie », m'a-t-elle confié.

Je me souviens du dîner dans un restaurant des Batignolles. Nous étions tous les deux face à face, mon frère m'a annoncé qu'il partait pour le Canada. La tristesse de le perdre le disputait à l'espérance de le voir de nouveau avoir envie. En vie. Montréal année zéro.

Le 10 juillet, Alex et Florence se sont envolés pour le Québec, ont visité la maison de la rue Boyer. À Paris, en trois semaines, ils ont tout organisé, rendu leurs appartements respectifs, planifié les déménagements, au revoir la compagnie. Le 23 août, ils s'installaient à Montréal. Un peu cabossés tout de même, ils sont allés consulter une psy dont la thérapie a été bénéfique. Pour la première fois de son existence, Florence ne travaillait plus, assumait toute la logistique inhérente à un tel changement. Alex s'est adapté au boulot, au mode de vie, à la ville. La nouveauté lui procurait une exaltation, voire une euphorie, un peu comme une drogue ou un alcool fort. Ces secondes premières fois lui ont redonné de l'élan, de l'énergie, de l'émerveillement. La découverte du froid, les voyages au soleil chaque année à Noël, les amitiés balbutiantes, le hockey sur glace ont fait diversion. L'angoisse l'a laissé tranquille. Un rien, ou beaucoup, l'emballait de nouveau. « Douze ans de good trip », résume Florence, dont on trouve les traces dans les mails adressés à toute la famille :

Notre nouvelle voiture

Tout cuir. Achetée chez le concessionnaire. À crédit. Avec les porte-skis en cadeau.
Un vrai truc de grandes personnes…
Et le pire, c'est qu'on est content ! Chaque matin, c'est un plaisir. On ouvre notre toit ouvrant électrique. Le ciel est bleu. La chaîne stéréo est bonne. Pas mal. Alex

Le point sur la météo

Je vous demanderais un peu d'attention parce que ce n'est pas simple.

126

Hier : 12 degrés à Montréal. Beau soleil, un peu de vent. Super.

Aujourd'hui : Moins 10 ! On annonce – 13 dans la journée avec le facteur vent. On en est tout retournés.

(Mais bon, ça c'est la faute à leurs bombes atomiques et tous leurs machins modifiés. Quand on est capable de faire des vaches à 5 pattes, faut pas s'étonner que la nature reste pas les bras croisés sans réagir.) Alex

Merde, aujourd'hui il fait super-froid !

On n'était plus habitués. Ça fait bizarre de penser qu'il va réellement faire TRÈS froid bientôt. En tout cas, je suis bien content d'avoir mis ma nouvelle parka H&M à 52 euros qu'ont achetée tous les minets du seizième – et des autres arrondissements (je le sais, je les ai vus samedi à Paris). Mais ici, à Montréal, je suis le SEUL à l'avoir. C'est un peu la classe. Sauf qu'apparemment il est un peu tôt pour porter ça. Ça ressemble vraiment trop à un vêtement d'hiver et ici, ça ne se fait pas tellement de se promener comme ça en automne. Pour un peu, les gens vous accuseraient de faire descendre la température.

C'est le problème quand on achète un manteau d'hiver en France, surtout chez H&M. Il a l'air d'un truc de mission arctique parce que c'est un peu à la mode alors qu'en fait il vous protège plus ou moins d'un 5/10 degrés dehors. Ça laisse un tout petit créneau pour le porter (deuxième et troisième semaine de novembre environ). C'est le problème des vêtements demi-saison.

Pour détourner leur attention du froid glacial qui s'installe, les Montréalais s'occupent à décorer tout ce qu'ils peuvent avec des trucs d'Halloween. Le temps passe si vite, qui nous emmène presque à Noël, déjà ! Après, viendra la saison du ski, heureusement. Il faut en profiter parce qu'elle ne dure pas si longtemps que ça : en avril, c'est déjà fini. Après, il fait encore un peu froid, mais très vite je vais pouvoir remettre ma parka. Gros baisers à tous. Alex.

L'actualité, c'est aussi ÇA :

Montréal : disparition d'un schizophrène de l'hôpital Louis-Hippolyte-Lafontaine. Les policiers recherchent Martin Houle, un patient qui a quitté le centre hospitalier vendredi, en fin de journée. L'homme de trente ans souffre de schizophrénie, mais n'est pas violent. Il mesure 1 mètre 85 et pèse 81 kilogrammes. Il a les cheveux et les yeux bruns et pourrait porter des lunettes. Les autorités le croient vêtu d'un manteau, d'un jean bleu et de chaussures de sport. Trait distinctif : il porte du vernis à ongles vert sur un pouce.

Heureusement qu'il y a le coup du vernis à ongles parce qu'il n'aurait pas été facile à reconnaître le gars. Il a l'air de faire peur, ce schizophrène…

En tout cas, aujourd'hui, je garde les yeux fixés au niveau des mains des gens. Le problème, c'est qu'avec le temps qu'il fait tout le monde a des gants… je vous embrasse. Alex.

Vous vous souvenez du « trou » ?

Vous savez, cet endroit mystérieux où disparaissaient les objets. Quand on perdait quelque chose boulevard Beauséjour, on disait : « Il doit être dans le trou. »

Eh ben, on l'a retrouvé ! Il est chez nous. Malheureusement, on n'a pas retrouvé ce qu'il y avait dedans. Au contraire, on continue d'y perdre des tonnes de choses, surtout des bonnets, et des gants et des écharpes. Il y a même un bonnet que j'ai acheté à Paris et qui a disparu avant que je ne le porte une seule fois à Montréal (à moins qu'il soit resté dans la voiture d'Olivia. Un bonnet kaki). C'est le troisième cette année et l'hiver n'est même pas encore commencé !

Alors, je sollicite votre aide : un grand mouvement de solidarité. Une sorte de « Bonnet-thon » familial. Quelqu'un(e) peut-il aller chez H&M et nous acheter des bonnets ? Des bonnets tout simples, parfaits, en laine, sans revers, à 2,90 euros, je crois. Si vous pouviez nous en prendre deux noirs et deux kaki, nous vous serions reconnaissants tout l'hiver, et même peut-être davantage. Un grand merci. Gros baisers. Alex + family

Historique :

La semaine dernière, nous avons fait quelque chose que nous n'aurions jamais pensé faire un jour. Nous avons acheté des meubles de jardin. Que dis-je, un ENSEMBLE de meubles de jardin (une table, deux chaises et un banc) ! En genre imitation-faux-simili-teck (c'est du Ikea, pas du Tectona !). Mais bon, quand même ! D'ailleurs, ça vous semble peut-être classique comme achat, mais si l'on précise que ce n'est pas pour une maison de campagne, mais bien pour notre résidence principale, alors là ça devient tout autre chose !… non ? Du coup, tout s'est enchaîné : d'abord, il s'est mis à faire très beau (pour que nous puissions en profiter). Puis, la fête des Mères est arrivée. Hier. Oui, avec quelques semaines d'avance sur vous ! (Je peux le prouver, j'ai des photos.) Et enfin, avec les grands cartons Ikea, nous avons fait un atelier peinture en famille où chacun a pu laisser cours à sa créativité. (Notez le style de François, très influencé par Basquiat. On sent l'émergence d'une conscience politique !) C'est ce qu'on appelle ici « du temps de qualité » en famille.

Bref, achetez-vous une maison avec un jardin, et vous serez heureux. C'est mon conseil. Alex.

Mon anniversaire

Vous avez certainement remarqué que le rythme de nos messages s'est un peu espacé ces derniers temps. Non pas qu'on manque de temps pour écrire, mais il se passe énormément de choses ! Par exemple, le week-end dernier, nous avons joué au curling ! Le sport le plus surréaliste de tous les temps (avec les balais et tout ! d'ailleurs c'est crevant).

Hier, nous avons vu François jouer avec le club de hockey de son école au Centre Bell ! Imaginez l'événement : c'est comme si Basile jouait au foot au Parc des Princes.

Bref, je commence à être submergé, les photos que vous recevez sont de plus en plus en décalage par rapport aux événements. D'ailleurs, celle que je vous envoie aujourd'hui date en fait de l'année dernière ! Ou de l'année prochaine, je ne sais plus…

Dimanche dernier, on a fait une vente de garage

Le principe, c'est que vous étalez devant votre maison toutes les merdes qui encombrent vos placards et dont vous ne voulez plus. Les gens qui se promènent dans le quartier vous les achètent pour quelques pièces.

Ça débarrasse. Les gens sont contents de faire des trouvailles. Il fait beau. Vous socialisez avec les gens du quartier. Les enfants vendent des verres de limonade (ou d'orangeade) à 25 cents. C'est un peu l'Amérique ! Nous, on n'a pas tellement de merdes, mais quand même beaucoup de trucs dont on voudrait se débarrasser.

Alors le résultat c'est que vous vous retrouvez à vendre des trucs que vous avez payé 500 balles pour 4 dollars, et en plus, les gens trouvent ça cher et vous en proposent 2, et vous finissez par accepter parce que, de toute manière, personne d'autre n'en veut, et que, finalement, 2 dollars de plus ou de moins...

Alors, par moments, vous êtes vaguement écœuré. Mais vous rencontrez des gens sympas, les enfants s'amusent (eux ils ne connaissent pas le prix des jouets qu'ils viennent de vendre 1,25 $), il y a une bonne ambiance dans la rue. Et, à la fin de la journée, vous comptez vos billets et constatez, avec satisfaction, que vous vous êtes fait pas loin de 50 $! (Ce qui représente environ le quart de la valeur des chaussures Diesel que vous n'avez jamais mises et que vous avez vendues aujourd'hui.)

Bizarrement, personne n'a voulu des merdes qui en étaient vraiment.

En plus, vos voisins font aussi des ventes de garage qui vous permettent de dégoter quelques petits trésors comme cette vieille TV en noir et blanc sublime qui ne marche pas à 5 $, avec son hallucinante antenne à 3 $, ces charmantes boucles d'oreilles, quelques jouets désarticulés, un sac à main et une radio qui font le bonheur de Juliette et ce filtre à eau de 5 litres qui a servi pour distribuer l'orangeade.

Bref, il ne vous reste plus qu'à ranger tout ça (avant de les vendre à la prochaine vente de garage). À la semaine prochaine pour de nouvelles aventures.

Montréal, été 2015

À l'hôpital, on avait enfin changé mon frère d'étage. En soins intensifs psychiatriques, nous devions toujours montrer patte blanche, vider nos poches et laisser nos sacs à la consigne, franchir une porte de prison verrouillée, simple visiteur, dans le sillage d'un infirmier sonore, ce bruit de clés. Mais le service était moins glauque, on avait regagné quelques degrés d'humanité. Les murs n'étaient plus imprégnés de l'abandon qui chavirait le cœur aux urgences. On avait quitté cette rivière sans retour charriant le sentiment d'être définitivement passé du mauvais côté de la vie. Les clochards avaient disparu – mais où, les pauvres hères ? rendus à la rue avec une cargaison de calmants ? –, remplacés par des malades lambda. Les chambres étaient d'hôpital, individuelles, la salle commune reluisante, mais la fichue télé toujours branchée en continu. La lumière était belle en ce sixième étage. Pas de quoi écrire à la famille, mais la possibilité d'un lendemain existait de nouveau.

Pour la première fois, Alex a souri. Vaguement. Il m'a fait penser au petit garçon adopté par des amis. Sur les premières photos, il était magnifique mais il ne savait pas sourire, son visage se tordait en une expression grimaçante alors que ses yeux irradiaient de bonheur face à sa mère. La bouche d'Alex souriait ainsi bizarrement, mais son regard était de retour. Ses longues mains s'étaient remises elles aussi à parler pour accompagner ses propos, mais je peine à trouver les mots justes pour dire l'accablement émanant encore de lui. Peut-être était-ce parce que, ici, même les infirmiers avaient l'air consumé.

Celui qui s'occupait de M. de Lamberterie, comme il répétait à chaque fin de phrase avec la satisfaction d'être venu à bout de ce nom étrange pour les Québécois, était un gentil. Il parlait doucement à mon frère comme à un enfant. J'avais envie de lui dire que M. de Lamberterie n'était ni un petit garçon désobéissant, ni un alcoolique, ni un drogué, juste un grand blessé. Extralucide, hypersensible. Mélancolique et désabusé.

Alex s'ennuyait car il dormait moins. Il se plaignait qu'on refuse de lui rendre sa montre, celle-là même qu'un agent de police enlèvera, brisée, de son poignet trois mois plus tard. Il la rendra à Florence, tachée de sang, dans un petit sac en plastique transparent. Mon frère voulait savoir l'heure, regarder passer le temps. Tandis que j'écris, je pleure de me souvenir de ces instants terribles mais ensemble. Je voudrais être fossilisée dans cette pièce sans nom, où nous tentions d'imaginer un futur proche acceptable.

Un drôle de bruit se fait entendre, dehors, à la fenêtre de mon bureau. Un corbeau frotte ses ailes contre la gouttière. Mon frère n'est pas loin. Je m'en persuade, je me le répète tout haut, je le supplie de m'aider, lui que j'imagine réincarné en oiseau.

Florence lui avait apporté le savon Dove dont il aimait l'odeur de propre et le roman de Michel Houellebecq *Soumission*. Dans ce service, on pouvait se leurrer, faire comme si on était juste malade. Une âme ou un bras cassé, ça se répare. Une opération, et puis s'en va.

Qu'est-ce que tu manges ? Comment tu dors ? Les phrases ne venaient pas facilement. *Tiens, la vue est jolie de ta chambre*, dans laquelle on n'avait pas le droit d'entrer mais qu'on apercevait par la porte entrouverte. On a parlé pour parler, comme si on voulait profiter de ce moment de répit avant de rentrer dans le vif de sa présence ici. J'avais peur de poser une question de travers, de blesser Alex en faisant allusion à un avenir dans lequel il ne se projetait plus. Alors, on s'en est tenus doucement au présent et à la vie matérielle, comme quand nous étions petits. Pas de questions qui tachent. Nous nous sommes serrés dans les bras, un hug de Montréal, et je me suis éloignée pour laisser Florence seule avec son mari.

Ici, les patients n'étaient pas inquiétants, juste toqués. L'un lissait le tissu de sa blouse jusqu'à s'en user les doigts, beaucoup parlaient à haute voix dans le vide, un autre se balançait avec la régularité d'un métronome, une femme s'arrachait les cheveux et les mangeait. Mais où sont-ils, les simples visiteurs ? Ces gens avaient donc perdu la tête et toute affection ? La minuscule dame aux dreadlocks interminables avait également changé d'étage. Son enfant de plastique avait disparu, sa raison revenue. Elle s'est approchée de moi avec un immense sourire.

— Vous êtes très beaux, c'est votre mari ?

— Non, c'est mon frère.

— Ah, et c'est sa petite fille avec lui là-bas ?

— Non, c'est sa femme.

— Ah, vous êtes français ?

— Oui.

— Français de Roumanie ?

138

— Non français de Paris.

— Ah, c'est beau la tour Eiffel. Et vous rentrez bientôt en Roumanie ?

Qu'est devenue cette petite folle du logis ?

Mon frère souhaitait que l'on prévienne nos parents. Mais pour leur dire quoi ? Que leur fils se creusait la tête en quête de la meilleure façon de mourir, allez encore un petit effort, il va bien finir par y arriver. Sa demande me semblait être un mauvais présage : il était plutôt homme à s'angoisser dans son coin. Je crois que mon frère voulait nous habituer. Parce qu'il savait qu'il n'était pas tombé dans une mauvaise passe mais embarqué dans un épisode sans happy end.

L'été dernier, il était venu en France et avait tenu à séjourner en Bretagne dans la maison de nos parents, bien plus longuement qu'à son habitude. Un très mauvais jour, il avait avoué à Florence qu'il voulait leur dire au revoir. Il n'avait pas ronchonné cette semaine-là à Kerivel, il avait été joyeux, solaire, enthousiaste et content de tout, comme s'il voulait leur laisser la meilleure part de lui-même. Nous nous étions tous retrouvés, les quatre enfants à la fois (nos emplois du temps souvent nous en empêchaient), des journées d'une joie pure, autour du frère prodigue. On se chérit parfois avec des maladresses, mais jamais de bassesses. Je ne comprends pas les gens indifférents à leurs frères et sœurs, pour moi c'est aussi inconcevable que de ne pas aimer ses enfants. J'adore Alex depuis l'enfance et les kilomètres qui nous séparent l'ont paré d'une aura irrationnelle mais bien réelle.

Sur les photos d'un pique-nique à la baie des Trépassés, cet été en Bretagne, la marée est basse, le soleil se couche sur une carte postale, Alex saute, les bras levés, splendide. On peut aussi voir un Christ en croix.

À l'hôpital, après un moment en tête à tête avec son mari, Florence nous a laissés seuls, tous les deux. Mon frère m'a rassurée, il n'était pas si mal ici. « Le problème, c'est quand je pense. » Il m'a remerciée : « C'est chouette que tu sois venue. » Puis s'est assombri, il se sentait minable de ne pas être mort, d'avoir interrompu mes vacances, d'être devenu un boulet pour ceux qu'il aimait. « Leur vie serait plus facile sans moi, Florence ferait mieux de me quitter. » Je lui ai intimé d'arrêter de penser à notre place. « La vie serait insupportable sans toi. » On s'est étreints longuement, de toutes nos forces, des ours pataulds. J'aurais voulu rester serrée contre son corps brinquebalant jusqu'à la fin des temps. J'étais là, pauvre combattante aux mains vides contre un mal sans nom, répétant : « On va te sortir de là », sans trop savoir ce que signifiait ce là, cet hôpital, cette souffrance, cette merde. Mais il m'a assuré qu'il pouvait très bien supporter ce régime carcéral.

— Le médecin, tu sais, j'en fais mon affaire. Le jour où j'aurai envie de sortir d'ici, je lui dirai que ça va sur un ton convaincu et il me laissera sortir. Je pars quand je veux.

Ces propos m'ont semblé de très mauvais augure tant ils témoignaient d'une absence de confiance en un traitement efficace. Il était prêt à berner les psychiatres, pas à s'abandonner à leur pouvoir. Voulait-il se soigner ?

Petite victoire, Florence avait enfin obtenu un rendez-vous avec le chef de service.

Montréal, été 2015

En le quittant, nous étions rincés avec l'unique envie de rentrer se reposer. On pouvait provisoirement mettre notre courage de côté. Alex et Florence ont eu un coup de foudre pour cette maison, située dans un quartier tranquille, composé de rues dessinées à l'équerre, de bâtiments bas et identiques – quelques marches, une porte de couleur et un escalier extérieur –, alignés comme à la parade et bordés d'une rangée d'arbres.

Son aménagement reflète leur rapport minutieux au monde. Chaque meuble, chaque pièce a été choisi selon leur goût. Mon frère ne vivait rien au hasard. L'ensemble, de couleurs sombres, pourrait être austère s'il n'était contredit par la fantaisie des objets rassemblés. Chacun d'entre eux est posé ici, accroché là pour ce qu'il raconte, pas pour décorer. C'est fou comme sont imprégnés de son esprit ces affiches encadrées, ces ciseaux géants en bois, enseigne d'une ancienne mercerie destinée à la benne, repérée sur un trottoir et rapportée sur son dos à la nuit tombée, ce mot géant « FUMOIR » pendu au-dessus de la table de la salle à manger, cet A comme Alex posé sur le rebord de la fenêtre, à côté d'un oiseau noir et doux. Que veulent dire toutes ces lettres qui parsèment les lieux, dessinées et collectionnées depuis qu'il sait tenir un crayon ? Est-ce l'alphabet de sa mélancolie ? A comme Albatros, cet oiseau aux ailes de géant qui l'empêche de marcher droit ? Quel venin transforme sa vie en montagnes rusées, un jour étincelant et le lendemain terrassé, l'empêche de fumer, tranquille, sur la terrasse de son jardin, où l'on avait fumé, parlé et bu ensemble lors de mon dernier séjour.

En mai 2015, j'avais saisi l'occasion d'une interview de Dany Laferrière pour filer à Montréal, je m'en veux tellement de n'être pas venue plus souvent. J'aurais tant aimé présenter à Alex cet Haïtien exilé au Québec, devenu écrivain après dix ans de travail à l'usine, étranger à toute plainte, me confiant dans un sourire aux éclats : « Je n'ai aucun mérite, je suis né heureux. »

Est-il né malheureux, mon frère, ou l'est-il devenu, happé par ses propres malheurs et une existence jugée insupportable, tant sa réalité objective – « J'ai tout pour être heureux » – jurait avec la perception qu'il en avait. Le désespoir sans objet le tuait à petit feu, sa culpabilité nourrissant l'impuissance de jouir de ce qu'il avait construit : un amour durable, une famille harmonieuse et un travail somme toute satisfaisant.

En mai, ses amis Franck et Guillaume étaient venus dîner, Alex était bêtement fier de son barbecue, comme il pouvait l'être de sa voiture, lui qui se fichait des bagnoles, il avait des relations alambiquées avec la vie d'adulte, tentait en permanence de la réinventer selon son esthétique et sa morale. J'y décelais un combat contre l'ennui et la vieillesse qui lui faisait perdre ses cheveux et prendre du ventre, la tentative d'assumer ses responsabilités sans renoncer à l'insouciance. Ce soir-là, il avait voulu me démontrer qu'il était capable de profiter de la simplicité joyeuse d'une grillade arrosée du vin blanc de Francis Ford Coppola acheté au SAQ. Ses amis, dont je devinais la qualité humaine, me disaient : « Alex me parle souvent de toi », et c'était une récompense inouïe, la médaille en chocolat de la sœur qui en vaut la peine. Rien au monde ne m'enchantait davantage (je vois où j'en suis).

Mon frère avait trop bu, jusqu'à en vomir, on aurait cru la première cuite d'un adolescent, il était penaud le lendemain matin, mais je n'y avais rien décelé d'inquiétant, tout en m'interrogeant sur ses liaisons dangereuses avec l'alcool.

Nous nous sommes promenés dans le Mile End, ce quartier en vogue de la ville, rues arborées, maisons cosy, start-up et cafés végétariens, où l'on croisait des hipsters à longue barbe, des filles en short en jean taille haute, des couples homosexuels avec tatouages et poussettes et des juifs orthodoxes à papillotes. Tous trentenaires, on croise peu de vieilles personnes dans cette ville, cette rareté frappe aux yeux de Parisiens. Par sa jeunesse, mais aussi son absence d'un certain conformisme bourgeois et de lutte de classes visible, Montréal a un coup d'avance sur Paris.

Nous suivions le parcours des journées de mon frère, l'immeuble de brique rouge Ubisoft où il travaillait, la taverne où il aimait déjeuner, les boutiques où il s'habillait. Ces endroits reflétaient une modernité tranquille, le goût d'un bien-être à l'affût de ce que le futur apporte de progrès, un sentiment très éloigné de l'agressivité ressentie, parfois, dans certains quartiers branchés de Paris – où l'on en est, ou pas. J'ai compris, cette après-midi-là, la tonalité du *way of life* qui plaisait tant à Alex et Florence, le sentiment de participer à une époque en mouvement, d'y être inclus, de pouvoir y jouer un rôle. J'ai su pourquoi ils avaient choisi de rester dans ce pays, cette façon d'appréhender l'avenir correspondait à leur tempérament.

Un détail anodin, cependant, m'avait alarmée. Lorsque nous faisions des courses, mon frère avait insisté pour acheter une peluche à la fille cadette de mon mari, Clara. Certes, il l'aimait beaucoup, elle était enceinte, son bébé serait le premier petit-fils de Jean Marc, une joyeuse révolution familiale. Mais sa naissance était prévue pour le mois d'octobre, Alex, Florence et leur fille Juliette venaient passer l'été en France, on avait la certitude de se revoir en vacances dans le Midi. Je trouvais que c'était trop tôt, mon frère n'en démordait pas, lui, étranger à ces convenances. Les cadeaux, il les choisissait avec cette minutie qui le caractérisait, de manière quasi obsessionnelle. Pour les quarante ans de sa femme, il lui avait offert quarante présents, un chaque jour, dans un grisant compte à rebours jusqu'à la date anniversaire. L'entreprise avait mobilisé toute la famille, ma mère envoyait par la poste des objets impossibles à trouver à Montréal.

146

S'il voulait acheter en avance ce doudou pour le bébé de Clara, c'est parce qu'il se disait qu'il serait peut-être mort à l'automne.

Nous étions en mars, dix-huit mois avant le 14 octobre. Le suicide était déjà son ami imaginaire.

Quelques semaines plus tard, Florence m'a raconté que, dans une de ses boutiques préférées, il avait tourné tout l'hiver autour d'un bermuda à fleurs. Quand elle l'avait encouragé à l'acheter, il avait rétorqué : « De toute façon, je ne serai plus là pour le porter cet été. Ce serait de l'argent foutu en l'air. »

Ça va passer. Non, il savait que ça n'allait pas passer.

Dans la maison de mon frère, imprégnée de ses particules élémentaires, j'aimais regarder ce qu'il regardait. C'est drôle ce goût des objets que toute la famille a développé dans le sillage de ma mère, sauf moi, peut-être parce que je ne sais pas les choisir. Je n'aime que le papier sous toutes ses formes.

Avec Florence, nous avons allumé son ordinateur sans avoir l'impression d'y pénétrer par effraction, puisqu'il l'avait laissé ouvert avec ses lettres d'adieu. On regardait des photos, sur son visage on peut dater le début de sa longue descente jusqu'à cette nuit du 19 au

20 juillet. Sur les portraits, son visage se creuse, sa barbe s'épaissit, son regard se perd, se floute dans le vague.

On écoutait ses morceaux de musique, on s'amusait de ses vidéos, on était un peu avec lui. Nous avons même trouvé un fichier intitulé « Le Masque et la Plume », du nom de l'émission de radio à laquelle je participe sur France Inter. *Ce roman-là, William Boyd, tu donnes envie de le lire. Celui-là a l'air naze. Bravo, ma sœur, tu as trouvé ta voix.* Ces mots me bouleversent. Mon frère pensait à moi. Les livres ont été un moyen de ne jamais rompre notre lien. Je lui en envoyais plein, tout le temps. Il m'avait précisé dans un mail : « Ceux que je veux, c'est ceux que tu aimes, les autres, je m'en fiche. »

Continuer d'envoyer des livres à Florence et Juliette.

Paris, automne 2015

Déjeuner avec Monica, l'auteure de *Crans-Montana*, un roman délicat, brodé de filles multicolores aux cheveux longs et aux idées grises, des méduses perdues sur la terre ferme. Vivre lui est parfois compliqué, elle avance, gracieuse et courageuse. Nous partageons nos chagrins mais, curieusement comme deux cailloux produisent des étincelles, nos esprits tristes, en s'entrechoquant, fabriquent de la gaieté. Monica et moi pleurons et rions de tout. Le monde se divise, depuis cet été, entre les gens qui comprennent Alex et les autres. Je lui raconte ce frère éblouissant au cœur sombre, je lui confie m'être lancée dans un livre. Je l'interroge : « Comment ouvre-t-on une porte dans un roman ? Les mauvais écrivains dont je me suis moquée décrivent le moindre détail : il mit la main sur la poignée, il appuya, la porte s'ouvrit. Mais évidemment qu'elle s'ouvre !

— Tu sais, moi, quand il faut ouvrir une porte, c'est toujours par une fille à la chevelure irradiant de lumière. Alors, comme ça, on ne voit plus la porte ! »

J'ai rendez-vous chez un kiné parce que j'ai très mal au dos. En entrant dans le cabinet, je comprends pourquoi je ne vais jamais chez le médecin, c'est à cause des salles d'attente. Je préfère encore la pièce sans nom de l'hôpital de Montréal. Pourquoi, dans toutes les salles d'attente de tous les médecins de Paris – en province, je ne sais pas, il faudrait que j'aille chez le dentiste à Angoulême –, les murs sont-ils recouverts d'affiches d'expositions de Beaubourg datant de 1996, les tables de vieux journaux à l'odeur de doigts sales, les canapés de coussins en soie aux dessins de poissons peints à la main ? Et que dire du bric-à-brac de bibelots vaguement asiatiques dont les yeux méchants me fixent ? Cet endroit – j'oubliais les vieux kilims – me donne le cafard et l'envie de prendre mes bottes à mon cou. Le docteur kiné s'esbaudit devant mon dos : « Il est parfait, c'est rare de voir un dos aussi musclé, vous ne pouvez pas avoir mal avec un dos pareil. » Eh ben si. « C'est dans votre tête. » Non, c'est dans mon dos et dans ce bras que je ne peux plus lever pour me laver les dents.

« Changez de dentifrice ! Vous en avez plein le dos, vous ! » Hi hi, tu l'as dit bouffi. Plein le dos, plein les pattes. Et je me mets à pleurer comme un veau. Mais je remercie, je paie, je le félicite même. En sortant, la honte m'envahit, et je peux à peine me moucher tant mon bras m'élance.

Montréal, été 2015

Il faut que j'arrive au dernier jour où j'ai vu Alex, sans savoir que c'était le dernier jour de notre vie ensemble. La dernière fois que je le regardais droit dans les yeux, que je touchais sa peau. Après, nous nous sommes seulement parlé sur Skype, à travers une mauvaise communication Internet, lui à Montréal et moi à Paris.

Depuis ce matin, je tergiverse. Je suis prête à tout pour ne pas retranscrire notre conversation : ranger mes factures, passer l'aspirateur, appeler mon banquier. *Unhappy end*. Ou alors boire une rasade de cow-boy de la bouteille de cognac Hennessy, gravée à mon nom, reçue pour le prix de la meilleure critique littéraire de l'année.

Évidemment, cette récompense m'avait rendue heureuse, mais je n'en avais pas fait tout un plat. L'avais-je même dit à mon frère ?

Maman avait dû s'en charger, pour elle nous sommes les enfants les plus beaux et les plus parfaits du monde. C'est peut-être une partie du truc, on n'est pas parfaits, on fait de notre mieux, mais on n'y arrive jamais, on vit toujours sous la barre. Insatisfaits de nos réussites, malheureux de nos échecs. Faits comme des rats. J'aurais dû inviter Alex et Florence à venir de Montréal pour qu'ils assistent à la fête et boivent du champagne jusqu'à l'aube. Merde, pour une fois, on se serait dit qu'on était les meilleurs. Mais nous sommes habitués à ne pas faire d'histoires. C'est peut-être pour ça que je lis celles des autres.

Voilà quinze ans – quasiment jour pour jour –, j'ai été nommée à la tête du service livres de *ELLE* un matin d'avril 2001, quinze ans que je demande à des écrivains pourquoi ils écrivent.

Et là, c'est à moi de crever le mystère. J'écris pour chérir mon frère mort. J'écris pour imprimer sur une page blanche son sourire lumineux et son dernier cri. Pour dire ce crime dont il est à la fois la victime et le coupable. À moins que nous ne soyons tous coupables, nous qui n'avons pas su l'empêcher, ou tous victimes, nous qui ne vivrons plus qu'à demi. Mais je ne crois pas qu'on empêche les gars de son espèce désespérée de se suicider. Est-ce un

153

service à leur rendre ? C'est une vraie putain de question.

« On n'a pas envie d'écrire, on écrit », disait Françoise Sagan, qui parlait toujours d'or. Je prends conscience, pour la première fois, que s'inscrivent des mots que je n'imaginais pas penser, que j'ignorais avoir en moi. Aujourd'hui, c'est troublant, j'ai vécu pour la première fois ce que des écrivains me racontent depuis quinze ans : que, tout à coup, l'écriture les dépasse, que les phrases jaillissent d'on ne sait plus où, les personnages se mettent à vivre tout seuls et font ce qu'ils veulent. Eh bien, tout est vrai, le livre s'écrit tout seul.

Je voudrais bien qu'Alex redevienne vivant, que les lecteurs découvrent le type inouï qu'il était. Sa longue physionomie rayonnante ou éteinte, son regard doux ou tranchant divisant le monde entre les sales cons et les autres.

Je cherche des traces et des signes partout. Je vire vieille folle, je travaille comme une pute de campement pour m'empêcher de penser, je dis ce qui me vient à l'esprit sans aucun filtre, ce qui ne va pas tarder à m'attirer des ennuis, je vois des oiseaux partout et, hier, j'étais au bord d'acheter un pull très cher et très moche imprimé du corbeau à l'air mauvais de Maléfique dans *La Belle au bois dormant*. Et si c'était mon frère ?

154

Je me suis calmée en m'offrant un blouson brodé d'oiseaux gentils. Dans la cabine d'essayage, le tissu synthétique fait un peu penser à une vieille robe de chambre chinoise, fabriquée par des enfants du bout du monde, mais, à la maison, je le trouve magnifique. Mes nièces, Colomba, Paloma, Bianca, achèteront le même, par hasard. Et j'en enverrai un autre par la poste à Juliette. C'est le blouson Alex. Je le porterai en toutes circonstances avec la certitude qu'il me protège des cons et des mauvais plans.

J'écris pour prolonger l'existence d'Alex et m'empêcher de sombrer. Parce que je ne peux tout simplement pas reprendre ma vie comme s'il n'avait jamais existé.

J'écris pour sa fille Juliette.

Je vais essayer de me souvenir de cette dernière fois.

Montréal, été 2015

Le matin, les visites étaient interdites mais
j'étais venue de France, et il fallait bien que
j'y reparte un jour, et même ce soir ; la surveillante du service m'a donc autorisée à voir
mon frère vers onze heures. Florence attendait dehors. J'ai franchi toutes les haies, souri
au vigile, pénétré dans le sas, vidé mes poches,
laissé mon sac, écouté le bruit des clés séparant
le monde qui tourne au carré et le monde de
ceux qui ne tournent plus rond.

Ce matin-là, Alex était redevenu lui-même.
Mon frère de toujours. Le regard triste mais
vif. Son cerveau n'était plus ralenti par les
médocs. L'infirmier nous a enfermés dans une
petite salle, sans les zinzins lost quelque part
in translation courant autour de nous avec des
Frisbee à la place des yeux. On a parlé vraiment. Avec franchise et simplicité, comme si
on évoquait le dernier film de Wes Anderson

qu'il n'avait pas tellement aimé. Le temps nous était compté, je n'ai pas tourné longtemps autour de ce truc énorme :

— Tu voulais vraiment mourir ?

— Oui.

— Et tu veux toujours mourir ?

— Oui.

— Mais n'y a-t-il pas des choses que tu pourrais changer dans ta vie pour la rendre moins insupportable ?

— Il faudrait que j'arrête de travailler, a-t-il répondu sans même réfléchir.

— Eh bien arrête, crée, peins, poursuis ton projet avec Jacques. Fais de la sculpture, j'ai vu celle, en bois, que tu as faite au chalet de tes amis, elle est très belle.

— Je ne vais pas vivre en faisant de faux Brancusi !

On a rigolé, l'aveu qu'il venait de me faire était tellement horrible – pas les Brancusi, la mort pour objectif –, rire nous faisait du bien. Il m'a expliqué que rien, que tout, lui demandait un effort terrible, il se forçait à se lever, marcher, travailler, dîner avec des copains, boire un verre. Tout lui était devenu impossible. Sa vie pesait une tonne. Et moi, j'essayais de me raccrocher aux branches de la raison. Je pédalais dans le vide.

— C'est le propre de la dépression, tu ne veux pas essayer de te soigner, de voir un médecin en qui tu aurais confiance, d'entamer une psychanalyse.

— Tous des cons.

— Non, tu peux rencontrer un psychiatre intelligent, en voir plusieurs, choisir celui en qui tu auras confiance.

— Pour lui raconter mon enfance, ça me fatigue à l'avance. Et puis lui dire quoi ? Que je suis un enfant gâté ? Que j'ai tout et que je n'y arrive pas. J'ai tout pour être heureux et c'est vrai. C'est mon caractère, je suis noir, je suis sombre, je n'aime plus rien. Je souffre d'une maladie commune à tant d'hommes de notre famille, regarde grand-père Guy, regarde tous les cousins germains de papa qui se sont suicidés, il y en a combien, trois, quatre ? Je n'y arrive plus, ma sœur.

— Tu pourrais le dire au médecin justement, on pourrait chercher dans cette voie-là... Moi aussi je vois tout en noir, mais j'ai fait une psychanalyse, des années de thérapie, j'y arrive, maintenant. Ça n'a pas été facile, parfois ça me faisait vraiment chier d'aller m'allonger sur ce divan, mais, je ne sais pas pourquoi, je ne sais pas comment, ça m'a appris à vivre.

— Je n'ai plus envie de rien. Je me force pour Florence, Juliette et François parce que je les aime, mais je dois me forcer à me forcer, et je n'ai plus l'énergie.

Et puis, sans que je pose de questions, il m'a dit qu'il avait voulu se jeter sous un bus avec son vélo. Mais il n'avait pas eu le courage. Et il avait eu peur de se rater, « et ce serait encore pire ».

Après ces mots de plomb, nous avons échangé des propos moins lourds, parce que j'avais compris qu'il ne s'agissait pas de désir ni d'envie, de la décision de se soigner ou pas, mais d'une incapacité plus opaque, d'un enfer dont je n'aurais jamais idée.

— Il faut que quelque chose change, mais je ne sais pas quoi.

Étrangement, il a évoqué le clochard avec qui il aimait échanger, à qui il donnait ses vêtements, mais ce n'était pas ça l'important : « Parler avec lui a un sens, c'est une des rares choses qui me rendent encore léger. »

Je l'assurais qu'il avait plein de choses à expérimenter, le problème est que moi-même, à ce stade de la conversation, je n'en étais plus si persuadée. Je pataugeais, déjà qu'il ne faut pas me pousser pour juger un verre à moitié vide.

Le voit-on, ce blessé magnifique vêtu d'une blouse dégueulasse ? A-t-on idée de sa noblesse ? De son intégrité ? Et de moi, grande sœur vaillante bataillant avec moi-même pour trouver une issue de secours. Je donnerais un bras, un sein pour lui rendre l'envie d'aller boire un coup sur une terrasse au soleil. Prendre un dernier verre. Mais je le savais. Perdu dans des profondeurs inconnues, il nous fausserait compagnie.

— J'ai envie de faire de l'humanitaire, a-t-il lancé soudain.

Un fil tombé du ciel, auquel m'accrocher enfin.

— Eh bien, arrête de travailler, engage-toi dans une association, change tout ! Florence gagne bien sa vie, vous mènerez une existence différente. Fais du tricot, joue de la guitare, reprends tes études, pars en Nouvelle-Zélande, change ! D'ailleurs, le Nouveau-Mexique avec Florence, tu as adoré, non ? Il ne t'a pas rendu heureux, ce voyage ?

— Si, c'était génial, mais ce n'était pas la vraie vie.

— Mais la vraie vie, qu'est-ce que cela veut dire ? La vraie vie c'est celle qu'on se crée. Rien d'autre.

On parle de Basile, mon fils aîné, il traverse aussi des gouffres de désespoir. Merde, pourquoi on n'y arrive pas dans cette famille ?

On parle de Jean Marc, mon mari né heureux comme Dany Laferrière, avec qui il s'entend si bien.

— J'aimerais retravailler avec lui, il faudrait que je démissionne d'Ubisoft.

L'idée n'a pas l'air de lui déplaire.

Nous sommes transparents. Nous nous confions des secrets qui n'appartiennent qu'à nous. Je suis désespérée mais heureuse d'être là dans ce faux parloir. Je voudrais qu'on se tire d'ici, en courant à perdre haleine, comme le jour où on avait kidnappé Alex de l'hôpital de Neuilly-sur-Marne.

Une surveillante est entrée. Encore quelques minutes, madame le bourreau. Mon frère n'était pas en état de partir en vacances, il m'a demandé d'emmener Juliette à La Croix-Valmer avec nous, de prendre soin d'elle.

— La seule chose dont je suis sûr, c'est d'être un bon père. Je crois que j'ai réussi ça.

Il me dit qu'il m'aime, que je suis super, nous nous embrassons. C'est fini. Je le quitte, je me retourne. Il me fait un petit signe de la main, comme s'il partait en voyage, avec ce sourire fondant contredit par ses yeux sans courage. Je ne sais pas s'il sait, lui, qu'on ne se reverra plus.

J'ai fini d'écrire ce truc qui pèse trois tonnes, je vais boire du cognac Hennessy à ta santé, petit frère, jusqu'à oublier mon prénom.

Paris, automne 2015

Je cherche des frères dans ma bibliothèque.

Je relis des pages du récit de Jérôme Garcin, *Olivier*, magnifique tombeau érigé pour son frère jumeau mort à la veille de leurs six ans. « On écrit pour exprimer ce dont on ne peut pas parler, pour libérer tout ce qui, en nous, était empêché, claquemuré, prisonnier d'une invisible geôle. Et il n'y a pas de meilleure confidente que la page blanche à laquelle, dans le silence, on délègue ses obsessions, ses fantasmes et ses morts. Tu m'as révélé l'incroyable pouvoir de la littérature, qui à la fois prolonge la vie des disparus et empêche les vivants de disparaître. »

Je tombe sur le désespoir de Marguerite Duras quand on lui annonce le suicide de son petit frère par télégramme, sur son chagrin à vif toute son existence. Je la comprends.

Je m'obstine. Apprendre à vivre avec les morts sans les trahir. Pour qu'ils nous accompagnent *ad vitam æternam*. Lutter contre le temps, ce doux ennemi, qui sème l'oubli dans les cimetières et dans les mémoires.

J'écoute Robert Charlebois pour me donner du courage :

« *Je reviendrai à Montréal / Dans un grand Boeing bleu de mer / J'ai besoin de revoir l'hiver / Et ses aurores boréales.* »

J'ose pour la première fois écouter sa chanson intitulée, « Cartier » (Jacques) : « *Si tu avais navigué / À l'envers de l'hiver…* »

Halte-là, danger. Interdiction de réécrire la mort avec des si.

Montréal, été 2015

Dernière soirée avant mon départ et l'impression détestable d'abandonner mon frère à son enfer. Florence et moi sommes invitées à dîner chez Sophie et Stéphanie, un couple d'amies, très proches.

Sophie est française, psychologue, ressemble à un fétu de paille, on la sent revenue de loin. Alex m'avait confié par quels abîmes elle était passée. Ils les avaient rapprochés.

Stéphanie est québécoise, avocate, agent, notamment de sa sœur, la chanteuse Ariane Moffatt, Stéphanie, un roc aux bras ouverts.

Leur fille, Emma, me donne la nostalgie de mes enfants. J'ai envie de rentrer, d'embrasser leurs cheveux poisseux, de sauter dix fois de suite dans la piscine en criant : « Geronimo ! », de me fondre dans Jean Marc. Savoir ces femmes si généreuses près de Florence pour affronter les jours prochains me réconforte.

Elles connaissent bien mon frère, mais elles sont interloquées, n'ont rien vu venir.

Les Québécois sont des Parisiens du dimanche, le seul jour de la semaine où les Parisiens vivent sans penser à qui va les regarder. Les Québécois disent bonjour sans avoir l'air de dire au revoir. Ils ne s'habillent pas seulement en noir. Ils pensent à leur confort, et ce n'est pas si bête. Ils portent de grosses chaussures comme s'il pouvait toujours pleuvoir ou neiger. Parfois, ils prononcent des mots que je ne comprends pas. Ils parlent plus vite qu'ils ne réfléchissent, cash, et sans passer à l'après. Ils donnent l'impression de penser toujours ce qu'ils disent. Je suis désarmée devant leur gentillesse et leur naturel.

La chaleur de ces femmes, leurs façons sans façon, la générosité avec laquelle elles m'accueillent, cherchent des solutions, n'ont jamais un mot de travers, ne jugent pas, passe-temps préféré de ma famille en particulier et des Parisiens en général, me font briller les yeux.

La soirée est claire comme de l'eau de roche. Pour la première fois, Florence a dîné presque normalement, je l'ai interprété comme le signe que je pouvais la laisser. Se persuader que le pire était derrière en vidant son verre de vin, qu'on allait enfin soigner mon frère, trouver ce qui l'étranglait. Faire confiance aux médecins.

Je suis partie sans savoir quand je reviendrais à Montréal.

Paris, hiver 2015

Mon fils Balthazar me surveille. Si mon mascara a coulé, il me demande tout de suite si j'ai pleuré. « Est-ce qu'on fera quand même Noël ? » m'interroge-t-il gravement, un matin avant de partir pour l'école. Bien sûr qu'on fêtera Noël, et plutôt deux fois qu'une, mon chéri. On fera un Noël d'enfer, on rira plus fort que les autres, on invitera le père Noël en personne, et on emmerdera les cons et les bien-pensants persuadés qu'on doit se camoufler sous des gueules d'enterrement. On inventera une nouvelle façon d'être tristes. On sera joyeusement défaits, je te le promets, Balthazar. On imaginera une manière triomphale de célébrer les morts.

Je me dois d'être légère, sinon gaie, pour mes enfants. Je voudrais qu'ils se souviennent de leur oncle préféré comme d'un être magique. Ce gars, comme on dit à Montréal, ne transigeait pas avec la générosité. Alex est un homme caté-gorique. Si seulement je pouvais leur apprendre à regarder le monde avec ses yeux, pas son regard de noyé, mais celui qui enchantait les jours. Je leur parle souvent de lui, de ses facéties. Oui, la vie continue, mais comment continuer la vie sans lui ? Je tente par tous mes moyens maladroits de transformer son absence en une présence lumineuse. Je décide une bonne fois pour toutes de ne pas faire mon deuil de lui, ce qui reviendrait à faire le deuil d'une partie de moi-même.

Mais pourquoi tu l'aimais tellement ? me demande-t-on parfois. Un frère, c'est les parents sans les incompréhensions et les emmerde-ments, ce sont ses racines, ce terreau de l'en-fance qui nous a fait pousser.

Un frère, c'est tout ce qu'on sait et qu'on ne peut pas dire aux autres.

Mon frère et moi, nous étions transparents comme du verre blanc.

La Croix-Valmer, été 2015

Le vol de retour de Montréal a été sans fin ; les huit cents pages de *La Petite Femelle* m'ont sauvée d'un bad trip, mélange de champagne jaune vif de l'avion, d'Advil night et de regrets m'essorant le cœur. Au retour, passé la joie de retrouver les bras de Jean Marc et le sourire bronzé de mes enfants, Cadaqués avait perdu son attrait, j'étais irritable et j'ai été une bien mauvaise amie pour Delphine, la meilleure d'entre toutes, ma sœur de cœur venue passer quelques jours avec son mari.

La tramontane, en une après-midi, peut renvoyer l'été dans ses cordes. Le vent s'était levé, irritant les esprits comme le citron agace les dents, glaçant les bains de mer et les dîners de tapas. Il y avait trop de monde, trop de repas à préparer, la vie est réversible, les vacances aussi. Heureusement, les enfants ne sont pas les petites éponges que certains psys de pacotille voudraient nous faire croire, ils nageaient sans interruption dans la piscine, hurlaient leur joie de vivre sans horaire et sans entraves et, avec eux au moins, j'ai fait bonne figure. Je suis experte en art de bluffer le monde.

Je peinais à détacher de mon esprit l'image de mon frère, triste à jeter aux chiens, bien sage dans sa blouse de condamné, patientant dans son couloir de la mort où il se satisfaisait de ne penser à rien.

Alex était venu passer un été avec nous dans cette maison de Cadaqués, et ma mémoire joue une fois encore à saute-mouton. Deux photos de lui surgissent, deux visions contraires, son yin et son yang. Pile, il fait le guignol sur la plage, un soir après le dîner, tout de blanc vêtu, les poignets luisant de bracelets fluo achetés dans la rue, sa grande silhouette gracieuse et réjouie au milieu des enfants tout sourire, il ne détestait pas se donner en spectacle. Face, son visage est fermé, Florence lui coupe les cheveux dans le jardin, sa physionomie est entamée par je ne sais quelle contrariété qu'il ne savait plus distinguer des problèmes. Et moi, sœur éternellement acquise à sa cause, marchant sur la pointe des pieds pour tenter de lui rendre sa bonne humeur.

Le charme de Cadaqués était rompu. Alors, boucler les bagages dans une voiture bondée, trouver une place pour les maillots mouillés et partir pour La Croix-Valmer dans la maison de famille de Jean Marc, loukoum posé sur la plage, où mon frère aurait dû nous rejoindre avec Florence et Juliette. Leur absence prenait toute la place. Paradoxalement, vivre dans leur ombre m'a consolée. J'aimais marcher dans les pas d'Alex, respirer l'air qu'il soufflait dans une Marlboro légère, bronzer sous le soleil dont la chaleur réconcilie avec le bonheur d'être vivant.

Est-ce parce qu'on avait été heureux comme des rois dans cette Méditerranée où Juliette voudrait qu'on disperse les cendres de son père que je me suis sentie rassérénée ? Elle nous avait rejoints, merveille d'adolescente à épargner, je me suis fondue dans la douceur du paysage. Mes petits garçons étincelaient de gaieté dans le hamac, sous le grand pin aux écureuils, mes belles-filles, Julia et Johanna, répandaient une joie de vivre animale. Et les bras de Jean Marc. Nous avons accompli tous les rituels aimés par Alex et Florence. J'entendais encore la voix de mon frère : « Il ne faut pas oublier le champagne en bateau, pour le pique-nique sur la plage dont les pierres ressemblent à du marbre. » Suivre sa trace laissée par ces cailloux blancs. Se souvenir de ce jour où la perfection s'était invitée à notre bord, passagère clandestine. La baignade avec masques et tubas dans l'eau transparente, le champagne sur la plage, le déjeuner au restaurant des tout-nus sur l'île du Levant, les messieurs cachant à peine leur sexe sous leur serviette, la partie de glaces à l'italienne à Port-Cros, le retour assommé de vagues de mer et du bruit du moteur. Mon doux frère d'été.

Je me souviens du dîner mexicain, préparé dans la cuisine éclairée par de sinistres néons, Alex confectionnait des tacos, il avait posé son téléphone portable dans un saladier en guise d'enceinte pour écouter Vincent Delerm, une reprise d'Anne Silvestre qu'on écoutait souvent, lui à Montréal, moi à Paris, sans savoir qu'elle nous chavirait tous les deux.

« J'aime les gens qui doutent / Et voudraient qu'on leur foute / La paix de temps en temps... »

Je me suis sentie heureuse, cette semaine, nager jusqu'à la bouée jaune des trois cents mètres, prendre des petits-déjeuners interminables, sous les canisses, en lisant les journaux, découvrir le marché de Saint-Tropez à neuf heures, l'aube pour les vacanciers du Midi, quand les marchands déballent encore leurs étals, fêter l'anniversaire de Juliette sur la terrasse. Louées soient mes belles-filles et leur gentillesse, louée soit Juliette, petite sirène dans les vagues, louées soient ces heures à reprendre des forces et à croire de nouveau en la chance.

Alex aurait dit ce n'est pas la vraie vie, mais c'est la vie quand même, mon frère perdu dans quelques étoiles mystérieuses.

Retour à Paris, derniers instants avec Juliette, une virée en voiture décapotable, dans les lumières de la nuit, à lui faire découvrir la ville, la tristesse de la séparation à l'aéroport, le sentiment d'une page qui se tourne sur une ultime parenthèse. Comment allait-elle retrouver son père ?

Paris, automne 2015

Septembre, un faux plat. La France se berçait dans la pensée que le pire était derrière.
Les terroristes nous avaient endormis depuis
les attentats contre *Charlie Hebdo*. Les dessina-
teurs avaient rangé leurs colombes de la paix.
Mon frère nous illusionnait, oui il se sentait
mieux, c'était chouette de faire la cuisine, le
vendredi après-midi à l'hôpital, avec de grands
déprimés requinqués au lithium. J'aurais dû
ranger mes angoisses dans les dossiers de la
rentrée, mais rien n'y a fait, elles ne rentraient
pas. Perchée sur mes sandales à talons hauts
me donnant l'illusion de dominer la situation,
je gesticulais pour ne pas trop penser, je crou-
pissais dans ce sentiment d'entre-deux si familier. Entre deux attentats ? Entre cette petite
mort du 19 juillet dont Alex était sorti vivant et
une vraie de vraie que Florence m'annoncerait
par téléphone à une heure non ouvrable ?

La certitude que, cette fois-ci, il n'hésiterait pas me suivait comme une ombre. Aurais-je dû tirer une sonnette d'alarme ? Exiger qu'on le ligote à un lit de fer avec une perfusion dans le bras pendant des mois, comme l'a demandé l'une des épouses de l'écrivain Norman Mailer lorsque son époux sombrait dans la dépression. Empêche-t-on un tsunami de déferler, un volcan d'exploser et de figer le paysage sous sa lave ? La liberté individuelle ? J'ai toujours respecté celle de mon frère. S'il pensait que sa paix résidait dans un au-delà aussi doux que l'en-deçà d'où l'on vient sans s'en souvenir, pouvait-on, *devait-on* s'y opposer ? Le droit de mourir dans la dignité qui agite les débatteurs ? Ces questions sans réponses conjuguées à la menace d'une catastrophe étouffaient toute allégresse.

Je déteste la rentrée en général, celle-ci était crépusculaire. Préparer les cartables et conduire mes enfants à l'école me donnent l'impression de leur jouer un mauvais tour, de les abandonner à un ogre dévoreur d'innocence. « Vous êtes ici pour avoir un bon métier et pour ne pas connaître le chômage », déclare la directrice à des gamins de l'âge de raison. Quelle idiotie ! J'ai glissé à l'oreille de Balthazar : « Non, ce n'est pas vrai, tu es ici pour apprendre, réciter de chouettes poésies et rigoler avec tes copains. »

19 h 45, j'arrive en courant devant Gibert Jeunesse, ma liste de fournitures à la main, j'implore le vigile de me laisser entrer. « Les copies au sous-sol, les beaux-arts au premier étage, le Bescherelle au quatrième étage de la boutique d'à côté, et les fables de La Fontaine, de toute manière, il n'y en a plus dans l'édition que vous demandez. »

J'attendais que quelque chose se passe. Ces jours étaient des points de suspension. Mon inquiétude avait la gueule béante, mes yeux redoutaient un appel de Montréal. Alex allait-il enjamber ses gouffres amers avec ses longues jambes ou s'y précipiter tête la première ?

Je n'étais définitivement plus comme d'habitude. « Qu'est-ce qui se passe, tu n'es pas là ? » me demande mon amie Marion le jour de nos retrouvailles à *ELLE*. La rentrée littéraire m'indifférait, moi qui aime d'ordinaire tellement nager dans ce bain d'auteurs et de grandes manœuvres. J'enchaînais les rendez-vous avec les éditeurs, traduisais intérieurement leur jargon : un roman exigeant ? ils voulaient dire ennuyeux. Une écriture blanche ? Plate. Un entre-deux-livres ? Raté. Je lisais avec une distance nouvelle. Qu'écriraient les écrivains mâles sans ces égéries trop blondes qui saccagent, sans discernement, leur magnificence et leurs possibilités dans les bras du premier bonimenteur venu ? Les romanciers se mordaient la queue, les critiques faisaient très bien semblant de s'empoigner. Je jouais mon rôle en pilote automatique, découvrant l'un des rares avantages d'avoir du métier, comme on dit, de vieillir quoi. Il suffit de hocher la tête avec conviction, comme un chien dans une voiture, et on vous écoute.

Chaque jour, Florence me donnait des nouvelles par téléphone. Alex était désormais hospitalisé dans un service psychiatrique traditionnel. Finis les fous aux maux sans nom, il côtoyait des malades cahin-caha. Je me rassurais en me disant que chaque changement d'étage le ramenait un peu plus vers les vivants. Comme l'espérance était violente, mais comme la joie était incertaine après la peine.

Les médecins se suivaient et les bilans s'enquillaient en vue d'un diagnostic et d'un traitement adapté. Alex avait le droit de sortir quelques heures par jour, je regardais sur Instagram, non pas des photos de lui, mais des photos de ce qu'il voyait. Florence et lui se promenaient dans les rues de Montréal, visitaient des musées à la recherche de beautés qui réveillent. Après-midi de répit.

Un soir, au téléphone, Florence m'a annoncé que les médecins avaient enfin identifié sa maladie. Dysthymie. Je me suis demandé quel effet cela faisait à mon frère de mettre un mot sur ce plomb qui lestait sa vie depuis tant d'années. J'ignorais s'il en était soulagé ou angoissé. Il avait jeté son téléphone portable dans un terrain vague avant son suicide avorté du mois de juillet et l'on ne se parlait pas. Est-ce que c'était grave ?

J'ai fait comme tout le monde, j'ai navigué sur Wikipédia :

La dysthymie (du grec ΔΥΣΘΥΜΙΑ, « mélancolie ») est un trouble de l'humeur chronique impliquant un spectre dépressif. Elle est considérée en tant que dépression chronique, mais moins sévère qu'une dépression clinique. Ce trouble est une maladie chronique et persistante. Le terme est crédité par James Kocsis durant les années 1970.

La dysthymie est un type de dépression moyenne. La dysthymie étant un trouble dépressif, les patients peuvent en faire l'expérience durant plusieurs années avant d'être diagnostiqués (si aucun symptôme apparent ne survient). Souvent les patients peuvent croire que la dépression fait partie de leur caractère, et ne parlent ainsi pas de leurs symptômes à leurs médecin, famille ou amis.

« C'est mon caractère », m'avait-il dit mot pour mot. Cette maladie qui semble n'en être pas vraiment une, ce Mr Hyde guettant, tapi dans le bonheur, les heures fragiles, les matins de pluie, le cafard du dimanche soir ou l'euphorie forcée du réveillon du 31 décembre, pour crucifier, collait parfaitement à mon frère. Un fantôme avec lequel il avait joué à cache-cache. Un miroir éternellement déformant de sa réalité. La nature en trompe-l'œil de cette dépression expliquait aussi pourquoi il ne s'était jamais soigné durablement.

Quarante-six années défilent à toute vitesse, en accéléré, à la lumière de cette dysthymie. L'énergie de la jeunesse a endormi la mélancolie. Renvoyé Faulkner et ses mots sans issue au fond de son portefeuille. À l'aube de la vie adulte, il a cru que la bête était morte, alors qu'elle n'était qu'assoupie, la gueule cadenassée par l'enthousiasme des premières fois, premiers boulots, premières filles, histoires sentimentales balayées par l'irruption de Florence. Avant elle, Alex s'entraînait à aimer. Son travail marchait si bien qu'il l'a propulsé très vite, trop vite, à la tête d'une équipe nombreuse. Il m'avait confié : « Je dois engueuler les gens parce qu'ils sont en retard le matin. Mais la seule chose dont j'ai envie, c'est de danser sur la table de réunion pour les faire rire et leur donner envie d'être les meilleurs. »

Alex et Florence se sont mariés à Kerivel, ils étaient somptueux, j'avais les cheveux courts pour la seule fois de ma vie, je ne me ressemblais pas, je me revois chanter « Notre-Dame de Paris » à quatre heures du matin au bord de la piste de danse. Des amis alcoolisés vomissaient dans le jardin, nos parents se tenaient par la main, nos sœurs avaient les yeux brillants, ce mariage breton fut un pur moment d'euphorie. Elle devait s'appeler Fleur ou Serge, Juliette naît à Sainte-Félicité. Le quotidien file doux dans leur bel appartement de la rue des Martyrs. Mais la pente est glissante.

Trente-trois ans. Fin de la trêve. La vie cafouille, moins neuve et moins emballante. Alex s'interroge sur son avenir professionnel, s'empêtre dans des tromperies, noie son futur incertain dans l'alcool. Il déconne, se fait hospitaliser dans la maison de repos. Et passe à l'acte. Le pavillon des fous à Neuilly-sur-Marne, le kidnapping, Sainte-Anne. Puis le départ pour le Canada.

Dans les fiches remplies studieusement à l'hôpital de jour en septembre, Alex a écrit noir sur blanc en haut de la colonne « Bonnes décisions : déménagement à Montréal ». La mélancolie fond sous la neige, le cafard fait relâche, avant de réapparaître bien nourri et bien vivant, à quarante-cinq ans, comme Wikipédia le précise. Alors, il traîne ses journées comme un boulet jusqu'au 14 octobre. Rester en vie ?

Cette foutue dysthymie, c'était lui et presque moi. Je cochais presque toutes les cases. Nous fabriquions le même malheur de synthèse. La houle m'a emportée la première. La dépression a jailli comme un diable de mon corps, après la naissance de mon fils. J'avais vingt et un ans, j'étais exsangue de faire semblant d'être heureuse. Pour me faire tenir debout, nos parents désarmés m'avaient précipitée chez un psychiatre au moins contemporain de Freud. Je n'avais rien à lui dire, lui non plus. Il me regardait avec gentillesse comme une bête curieuse. Je lui répondais par des sourires polis. Deux Japonais cérémonieux. D'ailleurs, il m'offrait du thé et je le buvais, moi qui déteste ça. J'avais l'impression de me retrouver, petite fille, lors de mes premières confessions à La Providence où j'inventais des péchés pour satisfaire le prêtre. Au moins étais-je sortie de son cabinet poussiéreux, rue Théophile-Gautier, avec des médicaments pour essayer de voir la vie en rose. Mes nuits n'étaient pas plus belles que mes jours mais je dormais. Et puis, j'ai travaillé jusqu'à l'épuisement pour noyer le poison. Et mon fils adoré m'a fait tenir debout. Il fallait bien que je me lève.

Des années plus tard, j'ai usé le divan d'une psychanalyste de la rue de Rennes avec le sentiment d'être une mauvaise élève. Je ne sais pas communiquer sans empathie. Je ne peux pas parler à quelqu'un sans lui avoir demandé d'abord comment ça va. J'ai l'impression de forcer des sens uniques. Ces séances m'ont tout de même permis de me débarrasser de l'emprise d'hommes toxiques. J'ai fini par pleurer des rivières dans les bras d'une thérapeute solaire, métro Réaumur, écorché la bête noire qui m'empêchait d'être moi-même. Grâce à elle, j'ai décidé que je marcherais du côté ensoleillé du trottoir. J'avais le droit d'être heureuse. Ces centaines d'heures à trouver les mots ne comblent pas les précipices mais ils les rendent familiers. Depuis, j'avance clopin-clopant, je boite sur mes talons hauts, mais quand je me casse la figure, je sais où puiser la force de me relever. Le désespoir peut me tomber dessus, mais la félicité aussi, même si la mélancolie continue de défigurer la réalité. Le verre à moitié plein ? Souvent, je ne vois même pas le verre.

Une amie médecin, interrogée à propos de la dysthymie, me répond : « Oh ce n'est pas grave, un trouble de l'humeur. » Tu parles, Charles. Un psychiatre dont je demanderai plus tard l'avis, sans lui préciser que mon frère en est mort, m'affirmera : « Une saloperie, on sait mal la soigner. » Cette maladie reste un mystère.

Les médecins gavaient mon frère de médicaments, il ne se sentait plus lui-même, il a demandé qu'on change son traitement. On cherchait, on tâtonnait, on expérimentait. On se jetait sur les améliorations de son humeur comme des goélands sur les miettes d'un pique-nique en pleine mer. On se forçait à y croire. Alex dormait de nouveau chez lui, n'était plus suivi qu'en hôpital de jour. La normalité reprenait le dessus, en pointillé. Sur la photo de l'anniversaire des seize ans de Juliette, elle est auréolée de ballons argentés Happy Birthday, son père ressemble à un apôtre fatigué. Deux amandes noires sous ses yeux forment deux taches de malheur.

Il revoit quelques amis, il se rend même à un concert de Feu Chatterton ! avec la fidèle Stéphanie. Je trouvais encourageant qu'il parvienne à affronter le monde. Méprise totale : il s'arrangeait seulement pour dire au revoir, l'air de rien, à ceux qu'il aimait.

Il a passé une après-midi entière chez Jessi Preston, à se faire tatouer sur le haut du bras un serpent enlacé à un tigre sans tête, les deux animaux se dévorent, qui l'emportera ? Florence a choisi une magnifique fleur capiteuse, dessin éternel à son poignet. Sur la dernière photo postée sur son compte Instagram le 28 septembre 2015, leurs deux bras, côte à côte, sont parés de ces bijoux d'encre, c'est splendide. Je m'interrogeais, va-t-on se faire tatouer, un acte intrinsèquement sans fin – on part au feu avec son encre et ses plombages –, quand on a décidé qu'on allait se tuer ? Mystère. Je me rassurais : on ne passe pas trois heures à serrer les dents si on s'est condamné à mort. Je balançais. Au contraire, mon frère s'autorisait les choses dont il avait toujours rêvé. Si j'avais été lui, j'aurais essayé l'opium.

Paris, automne 2015

Le fil était rompu, Alex n'avait plus de téléphone, Florence était sa messagère. Quelques
jours avant le 14 octobre, j'ai envoyé un mail à
mon frère sans savoir que c'était le dernier :
« Si je tends le bras, malgré l'océan, j'ai l'impression que je peux te toucher. » C'était la
vérité. Ces mots m'étaient venus accompagnés
de l'impérieuse nécessité de les lui envoyer,
tôt le matin ; je voulais qu'il les découvre à
son réveil. Toute la journée, j'avais guetté sa
réponse, elle tardait. J'étais tout à fait incapable
de l'appeler : « Bonjour, comment ça va ? »
Je ne voulais pas l'obliger à jouer la comédie
du tout va mieux, mais si, mais si, madame la
marquise. *Ça va passer.* On n'allait pas tomber
dans ce vieux panneau déjà bien cabossé.

En guise de réponse, le soir, il m'avait envoyé
une photo de nous deux, enfants ensoleillés,
vêtus des mêmes tee-shirts « Port-Grimaud »,

assis sur la plage à Cannes lors de grandes vacances. Juste cette photo que je ne connaissais pas, sortie de souriantes profondeurs. Pas un mot. Je crois aujourd'hui qu'il me disait adieu. Je me berce dans la pensée qu'il m'assurait qu'on était semblables, et qu'on serait ensemble pour toute la vie sans lui.

Il me manque. J'ignorais qu'on puisse être si engluée dans la peine. Pour combien de temps ? Comme constatait Maurice Pialat dans l'un de ses films, empruntant cette expression à Van Gogh, la tristesse durera toujours.

Pourquoi avoir choisi le néant ? Je ne veux pas le trahir. Je me refuse à chercher des explications autres que celles rédigées à la main, bleu marine sur blanc, dans le dossier qu'il remplissait à l'hôpital de jour en santé mentale. Avec sa méticulosité, il transformait ses incertitudes en schémas, classait ses inquiétudes dans des colonnes. Son écriture me bouleverse. À la question, principales difficultés actuelles, il a répondu : *Estime de soi. Incapacité au bonheur. Insatisfaction. Doute. Immobilisme, peur de ne pas y arriver. Irritation.*
Un peu plus bas, aux objectifs visés au terme des huit semaines, je lis : *Faire des choses qui me rendent fier. Autodestruction, pense*

qu'à moi. Renouer avec mes amis. Renouer avec la famille éloignée. Laisser aller. Parler. Être positif. Se préparer à la suite : psychiatre/psycho-thérapeute. Gym. Guitare ?

Il s'applique à aller mieux : merci, docteur, ai-je été bien sage ? Il se fond dans la masse patiente. Un jour où tous les malades doivent réaliser un autoportrait collectif et géant, il ne peut pas s'en empêcher, lui qui joue toujours profil bas depuis le début de son hospitalisation, pas le genre à se répandre sur ses talents ou sa réussite, il prend en main ses pairs, leur montre comment dessiner et, sous sa direction, surgit une magnifique fresque dont chacun est fier. Les médecins n'en reviennent pas, ces cons. Mais qui est ce gars pas comme les autres ? Je vomis à jamais ces types qui n'y ont vu que du feu, ont pointé leurs doigts imbéciles sur un prétendu alcoolisme, ce cache-misère, ont soigné une jambe de bois avec des anxiolytiques. Et ont laissé sortir mon frère dans la nature. Quelle est leur responsabilité ?

À leur décharge, Alex trompait son monde à la perfection. Allait-il vraiment mieux, à force de noircir des tableaux ? Ou était-il soulagé parce qu'il avait pris la décision d'en finir ? Dans les récits lus depuis le 14 octobre, tous les proches de suicidés parlent d'une rémission avant le passage à l'acte. La certitude de ne plus souffrir donne des ailes.

Depuis belle lurette, mon frère vivait avec un ami imaginaire : le suicide. Lorsqu'elle était petite, Juliette s'en était inventé un, Fagar ou Faggar, je ne suis pas sûre de l'orthographe, personne n'a jamais écrit son nom. Pendant des mois, elle lui avait parlé et puis, du jour au lendemain, sans qu'on sache pourquoi, il avait disparu.

Nous nous sommes revus sur Skype, un peu gênés, nous nous étions murmuré des confidences intimes et lourdes, les mots à venir sonnaient dérisoires. Je portais une blouse en dentelle blanche. « Tu ne trouves pas que je ressemble à une sœur Brontë ? » Mon frère avait ri : « On dirait plutôt que tu joues dans *La Petite Maison dans la prairie*. » Joie éphémère de rigoler d'une bêtise.

J'écoute en boucle une chanson d'Alex HK, l'ultime envoyée par mon frère, « Le dernier présent » :

« *Chaque instant comme dernier présent / Quand on sent que sombre est l'avenir / [...] Quand je sens la peur de l'heure de partir...* »

Montréal, 13 octobre 2015

Mon frère paie les PV de stationnement de sa voiture. Il prend rendez-vous chez le vétérinaire pour le chat de Juliette, Mouchi. Il lui dit certainement au revoir. Je suis certaine qu'il lui a parlé, que Mouchi sait tout.

Paris, 15 octobre 2015

On ne sait pas qu'on vit le dernier matin avant la fin du monde. Pourquoi ai-je mis mon portable en mode avion cette nuit du 14 au 15 octobre ? Cela ne m'arrive jamais, je veux que mon fils aîné, Basile, puisse me joindre à n'importe quelle heure s'il a besoin de moi. Alex m'a-t-il offert une dernière nuit de répit ? Évidemment non – pourtant cette pensée folle me réconforte. Comme d'habitude, réveil à sept heures et demie, comme d'habitude, j'attrape mon téléphone pour éteindre la sonnerie, comme d'habitude, je voudrais me rendormir jusqu'à samedi, comme d'habitude, je m'accorde un répit de dix minutes, mais, au moment où je vais régler le portable sur rappel, je m'aperçois que l'appareil est en mode avion. La curiosité me pousse à ouvrir les deux yeux pour rallumer le wi-fi, aussitôt apparaissent sur l'écran plusieurs appels en absence de

Florence, ainsi que des numéros manqués vers quatre heures du matin, dont je reconnais l'indicatif du Canada. Je découvre aussi trois appels en absence de ma sœur Caroline au bon milieu de la nuit. Au moins, je n'ai pas failli à ma réputation de ne jamais répondre au téléphone.

Je sais que c'est foutu. Je sais que c'est fini. Pas l'ombre d'un doute, l'été jouait une répétition générale, les dés sont jetés, la tragédie va vraiment commencer. Un quart de seconde, je me dis que si je ne rappelle pas, cette réalité que je redoute n'aura pas eu lieu, j'aurai juste fait un cauchemar. Mais une seconde plus tard, mes mains composent le numéro de Florence, et Stéphanie répond pour me dire, d'une voix toute douce, que mon frère est mort. C'est impossible à dire, impossible à écrire, impossible à vivre, impossible tout court. Pourtant, j'entends ces mots.

Alex s'est jeté du pont Jacques-Cartier hier après-midi à Montréal. La police est venue chez lui en fin d'après-midi l'annoncer à sa famille, il avait pris soin d'emporter ses papiers d'identité dans son sac à dos afin qu'on l'identifie. L'insoutenable lourdeur a gagné. Vivre l'a tué.

Mon frère est mort. Complètement mort. Et je me dis que, tant qu'il sera mort, nous serons morts aussi.

Alertés, des amis ont accouru dans sa maison, rue Boyer, entourer Florence, Juliette et François. Ils ont passé la nuit ensemble, à faire semblant d'essayer de dormir, serrés sur des matelas assemblés à la hâte dans le salon, des réfugiés qui auraient perdu leur tête et leur pays.

Cette fois, il n'y a rien à faire, pas d'avion à attraper en courant avec des Moon Boots ou des tongs pour retrouver mon frère vêtu d'une blouse de condamné imprimée de coquillettes écrasées, égaré au milieu de gars sans regard. Alex est mort pour de bon. Il est mon super-héros qui a sauté d'un pont en oubliant sa cape magique. Est-il enfin heureux, mon frère ? Je le souhaite de toutes mes forces. Je voudrais qu'il soit en paix et pas écrabouillé sur une table froide.

L'information erre dans ma tête folle, n'atteint pas mon cerveau, reste coincée dans le pavillon de mon oreille. Je me souviens vaguement des mots de Joan Didion qui ouvrent *L'Année de la pensée magique*, je vais chercher le livre, comme un automate dans ma bibliothèque : *La vie change vite. / La vie change dans l'instant. / On s'apprête à dîner et la vie telle qu'on la connaît s'arrête.*

Le seul sentiment que j'éprouve est que ce moment est irréversible. Pas de retour en arrière possible. Je me souviens d'avoir vécu cette impression, une seule fois, un jour où je marchais sur les Champs-Élysées, et où m'était tombée dessus l'évidence que je n'aurais plus d'enfants. Cette certitude m'avait laminée et je m'étais mise à pleurer dans la rue, me heurtant pour la première fois de ma vie à un sentiment de « plus jamais ». À la fin de la jeunesse, de tous les possibles. Ce jour-là, j'étais devenue vieille. Aujourd'hui, je me sens devenir une autre. J'ai l'impression de commencer une deuxième vie. La vie sans Alex. La vie sans ce frère que j'adorais adorer.

Je pleure dans les bras de Jean Marc. Mais il faut trouver la force d'envoyer les enfants à l'école.

Je descends les réveiller et le salon n'a pas été enseveli par un tsunami. Tout est comme avant, chaque objet à sa place. Il devrait y avoir du bruit, des hurlements, des gens affairés dans tous les sens. Mon sentiment d'effondrement intérieur tranche avec la tranquillité extérieure. Et pourtant, rien n'est comme avant. Les mots n'ont plus de sens. Les critères d'évaluation pour juger des événements sont caducs. Il faudrait faire appel à une nouvelle échelle de valeurs pour appréhender cette mort volontaire. Ce pont. Quelque chose qui n'a rien à voir avec les sentiments, avec l'intelligence, avec le courage, avec la morale. Quelque chose d'au-delà de l'humain. À quoi a-t-il pensé quand il a escaladé la rambarde sécurisée du pont ?

Florence me rappelle, sa voix est minuscule, je ne sais que lui répéter : « J'arrive, on arrive. » Le temps n'est pas aux détails ni aux explications, mais à une réalité inadmissible. À Paris, il y a un mort sans mort, à Montréal, un corps en miettes quelque part. Jean Marc m'étreint, il n'y a rien à dire, je ne pleure même plus. Nous sommes entrés dans une dimension inconnue. Je dois m'occuper des garçons, préparer le petit-déjeuner, les aider à s'habiller, ne rien laisser paraître avant leur départ pour l'école, ne pas les abandonner avec ce fardeau dans leurs cartables. Il sera bien temps de trouver des mots pour leur dire.

Et puis, si je continue de vivre cette journée comme si de rien n'était, peut-être que cette monstruosité va disparaître. Les faits sont gigantesques et invisibles. Une pluie torrentielle qui ne mouille pas. Je peux très bien me mentir. D'ailleurs, je compte enregistrer ma chronique de *Télématin* cette après-midi, comme prévu. Je vais vivre comme si mon frère n'était pas mort. Alors, peut-être, il ne sera pas mort. Pour de vrai. Pour toujours. Pour toute la vie interminable.

Tout pour retarder l'effondrement.

Je rappelle ma sœur aînée, Caroline, elle aussi parle tout doucement, j'évolue désormais dans un monde étrange et feutré où les voix sont éteintes. Où tout le monde parle en chuchotant. Ne pas déranger le chagrin. Chloé est déjà prévenue, je n'ai pas le courage de téléphoner à cette petite sœur qu'on a toujours voulu protéger. Nous nous donnons rendez-vous chez nos parents, les trois filles vivantes, les trois enfants amputées de leur frère, pour leur apprendre la nouvelle. C'est inhumain ce truc.

Jean Marc me murmure que mon frère est mieux là où il est, qu'il souffrait trop, qu'il ne souffre plus. Mais merde, il est où mon frère ?

Mon mari emmène les enfants à l'école, je reste seule avec la jeune fille au pair autrichienne dont le frère s'est suicidé au printemps dernier. Je lui dis : « *My brother is dead, he killed himself.* » Elle est épouvantée, je m'en veux de réveiller sa tristesse, je ne sais pas quoi dire, quoi faire de moi-même. S'arrimer au pommeau de la douche, s'habiller, maquiller sa tête d'enterrement, chercher son sac, occuper son esprit pour chasser les questions.

Est-ce qu'il a eu mal ? A-t-il crié ? Comment est-il tombé ? Est-il tout cassé ? De quoi est-il mort ? S'est-il tué sur le coup ?

Florence m'a juste dit que les passants n'avaient pas eu le temps de l'empêcher d'enjamber la rambarde sécurisée. Les pompiers sont arrivés très vite pour essayer de le réanimer, seul le protocole a dicté ces gestes, il était déjà mort.

Rappeler Caroline pour parler à quelqu'un, Chloé est déjà en chemin et je suis en culotte, en retard comme à mon habitude. J'essaie désespérément de comprendre. J'appelle Delphine mais elle ne répond pas. J'appelle Nathalie, « Mon frère est mort », elle pleure avec moi au téléphone. J'appelle Marie-Françoise mais elle ne répond pas. Je saute dans un taxi où Delphine me rappelle. Et je ne peux plus m'arrêter de sangloter. Le chauffeur de taxi m'a écoutée, il m'explique dans des détails que je ne veux pas entendre que son frère aussi s'est suicidé. Cette coïncidence est quand même curieuse. Il m'assure, refrain bientôt connu, que « c'est mieux ainsi ». Mais comment l'absence peut-elle être mieux que de ne plus jamais serrer mon frère dans mes bras ?

J'arrive devant l'immeuble de mes parents. Je pense qu'on va tuer notre mère. Il est neuf heures et demie quand Caroline, Chloé et moi sonnons à la porte. Trois Parques. Maman ouvre et, sur son visage, en accéléré, l'étonnement cède la place à la terreur, et l'une de nous, je ne sais pas laquelle, murmure juste « Alex ». Le prénom reste en suspens, se fracasse sur le paillasson, pas besoin d'explication. Notre mère tombe, s'effondre littéralement, papa la rattrape, la porte sur le canapé. Elle se cache le visage, elle ne peut prononcer aucun son, je n'ai jamais vu personne anéanti ainsi par la douleur. Nous sommes tous brisés, nous nous accrochons les uns aux autres, une masse d'humains, de bras emmêlés, de mains agglutinées, de joues agglomérées dans un goût de morve et de sel.

Aucun mot ne tient le coup. Aucune consolation. Rien à dire. La mort nous coupe la chique et les jambes.

L'un d'entre nous prépare du café comme dans les films, parce qu'il faut bien faire quelque chose. Les amis alertés en ont prévenu d'autres. Les premiers messages s'affichent sur nos téléphones, tous les mêmes ou presque, *on pense à toi*. Nous ignorons encore que nous allons nous nourrir de cette affection pendant des semaines, béquille plantée dans des sables mouvants.

On sanglote, on balbutie, on se débat, la sidération est une enclume. Maman retrouve la parole pour demander ce qui s'est passé. Je ne parle pas du pont sécurisé. On sait juste qu'il faut partir le plus vite possible pour Montréal.

Caroline appelle une agence de voyages, les vacances de la Toussaint commencent demain, les avions sont pleins, plus de vols directs et pas assez de places pour voyager tous ensemble. Nos parents et nous, les trois sœurs, partirons demain matin, les enfants et les maris nous rejoindront plus tard.

On sanglote à tour de rôle, une course de relais, on n'en revient pas de cette mort. Je comprends que je me leurrais en pensant que je pouvais enregistrer une émission de télévision cette après-midi. Ma pauvre fille, tu en es incapable. Il est vain de vouloir mettre à distance la peine, au contraire, elle dessine dans l'air du salon des ondes concentriques de plus en plus serrées, elle se rapproche, elle nous étrangle. On est faits comme des rats.

Je retourne à la maison en métro retrouver mes enfants. Sur le trajet, mon téléphone sonne, le numéro de Florence s'affiche sur l'écran. Pour mieux l'entendre, je descends du wagon, je sors de la station. Je suis assise sur un banc je ne sais où, quelque part dans le quinzième arrondissement, quand ma belle-sœur me raconte. Autour de moi, les gens s'agitent, parlent, portent des sacs en plastique et moi, je gis sur une planète inconnue. Florence parle sans intonation, on dirait une voix morte.

« Hier Alex est retourné travailler chez Ubisoft. En fin de journée, j'avais la répétition d'un spectacle de danse, je suis rentrée à la maison vers sept heures et demie, il regardait un documentaire sur la vie de Keith Richards, j'ai vu la fin avec lui, c'était super. Après, il est allé rendre visite à notre voisin, il le faisait souvent, il est resté plus longtemps que prévu, puis on s'est couchés normalement. Ce matin, c'était quand même un bon réveil, je me suis habillée, au petit-déjeuner, il m'a dit : tu es super belle. Je lui ai demandé de m'écrire pour me raconter son entrevue avec le psychiatre, c'était son dernier rendez-vous à l'hôpital l'après-midi. Puis j'ai eu une journée de boulot bien remplie, j'ai enchaîné les trucs, et vers dix-sept heures trente, j'étais en voiture quand Juliette m'a téléphoné pour me prévenir que deux policiers étaient à la maison. Mon sang s'est glacé, je savais que c'était grave. Ils voulaient me parler, Juliette leur a expliqué que j'étais à mon travail. Ils y étaient allés mais ils m'avaient ratée, j'étais déjà partie.

« Je suis arrivée chez nous, je tremblais, je tremblais. Juliette m'attendait, tout effrayée, très inquiète, j'ai rappelé la police. Ils m'ont demandé de ne pas bouger, ils venaient. Juste à ce moment-là, François est rentré, son vélo a fait le même bruit que celui d'Alex, j'ai eu une seconde d'espoir.

« On était assis tous les trois, on attendait en silence. Puis quelqu'un a sonné à la porte, c'était la police, un homme et une femme, bonsoir, installez-vous…

« "M. de Lamberterie est décédé cette après-midi."

« J'avais compris, mais quand même. Je ne sais pas combien de temps s'est écoulé avant que je puisse demander ce qu'il s'était passé. Et là, le gars m'a raconté un truc bizarre : "Je ne sais pas si vous avez entendu les nouvelles, il y a eu beaucoup de perturbations dans la ville, car votre mari a sauté du pont Jacques-Cartier, et le pont a dû être fermé, une partie du quartier également." Pour se donner quelque chose à dire, il avait peut-être besoin de m'expliquer que cette mort avait été un événement. Moi, j'étais tellement choquée par le pont, je ne pouvais penser à rien d'autre. Qu'est-ce que c'est que cette histoire ? Je pense n'avoir jamais imaginé un truc pareil. Je me souviens qu'en juillet, quand François et moi sommes partis à la recherche du télé-phone portable d'Alex, il nous avait confié l'avoir jeté pas loin du fleuve Saint-Laurent, je regardais partout en m'interrogeant : quelle était son idée, comment voulait-il en finir, pourquoi l'avoir jeté ici, dans ce terrain vague ?

« François, Juliette et moi nous étions roulés par terre en petite boule. Les policiers nous ont conseillé de prévenir des amis, je l'ai fait, tout le monde est arrivé. Stéphanie a appelé l'hôpital pour moi, parce que je n'étais pas en état de parler, des médecins nous ont proposé de venir voir Alex. Nous sommes tous partis, dans deux voitures, nous avons attendu et puis Sophie et Stéphanie m'ont dit qu'elles allaient le voir d'abord, sans m'expliquer pourquoi, mais j'ai compris après qu'elles voulaient vérifier s'il était visible.

« Il n'a pas sauté dans le fleuve, il ne s'est pas noyé, il est tombé sur une route, le boulevard René-Lévesque.

« Chacun de nous a été voir Alex. Juliette est restée, à la fin, seule avec son père. La police m'avait demandé : avez-vous des calmants ? Il y en avait à la maison, qui dataient du mois de juillet, j'en avais pris, j'étais un peu shootée. J'ai juste demandé à l'infirmière de quoi il était mort. Il est mort du choc, de fractures, sur le coup.

« On est tous revenus à la maison, Stéphanie vous a téléphoné pour vous prévenir, tout le monde a appelé tout le monde, moi je ne me souviens de rien. Je suis restée dans le salon, je n'étais pas capable de monter dans notre chambre. Je ne sais pas comment on a fait pour passer la nuit. »

Paris, hiver 2015

Je vais interviewer Alix de Saint-André. Elle
vient d'écrire *L'Angoisse de la page folle*, un
récit bizarre et beau dans lequel elle raconte
comment, après avoir pris du Baclofène pour
arrêter de fumer, elle a fait un épisode psycho-
tique et s'est retrouvée dans une maison de
repos, chez les presque fous, les boiteux, les
TS, les anorexiques, les bipolaires, les dépressifs, les déprimés. Réveillant des souvenirs
à vif, cette lecture m'a touchée plus que de
mesure. J'ai revu Alex, cet été, au service des
soins intensifs psychiatriques, égaré parmi les
égarés. Après qu'Alix (le correcteur orthogra-
phique change Alix en Alex, c'est toi ?), Alex
(ça recommence), Alix m'a raconté son mys-
tique hiver à converser avec la Sainte Vierge
et à recevoir des mails du bon Dieu, délire
suivi par un sévère retour sur terre, je lui
raconte mon automne en enfer, même si je

suis toujours partagée entre l'envie de porter la mort de mon frère en étendard et la crainte de mettre dans l'embarras des gens chers en leur délivrant cette nouvelle tragique. Que dire qui ne soit pas des mots de circonstance ? Mais j'aime Alix depuis un bail et je connais sa délicatesse.

J'ai une affection particulière pour cette drôle de fille depuis ce jour ancien où elle m'a sortie d'un mauvais pas, peut-être même qu'elle a sauvé ma carrière, pour employer un mot qui m'est aussi étranger que melliflue. Toute jeune journaliste, j'écrivais alors des papiers psycho-rigolos, du jus de crâne comme on dit à *ELLE* : comment trouver un mari ? Comment tromper son mari ? Comment retrouver un autre mari ? Ce qui était ironique, moi qui étais bien décidée à n'en trouver aucun, occupée à panser les plaies et régler les addictions de rockers aussi tourmentés qu'égoïstes. Mais il faut croire que j'avais de l'imagination. La règle voulait à ce moment-là que les plumes débutantes travaillent en duo, comme si deux jeunes valaient un vieux, Nuit debout se lève aujourd'hui pour moins que ça. Or je m'étais fâchée avec ma coéquipière en psycho-rigolo, une amie de la Sorbonne avec qui j'avais fait mes premiers pas à *ELLE*. Mon frère aurait dit : « C'est une conne », et il aurait eu raison. Mais je suis ainsi faite, et lui aussi, nous souffrons de sanglots disproportionnés dès qu'un arriviste nous fait un mauvais coup.

En conférence de rédaction, la rédactrice en chef m'avait signifié que je ne pouvais pas signer ces enquêtes de fond toute seule. Trop verte. Autant dire que c'était cuit, je venais d'arriver, les grands reporters en place depuis belle lurette me regardaient comme une quasi-stagiaire, gentille mais peut-être pas inoffensive. Je me voyais déjà postuler à l'Éducation nationale pour un poste de professeur de français, expliquant comment Mme Bovary trompait son mari, décidément ma spécialité, à des élèves préoccupés de savoir quel collier Johnny Depp porterait dans l'épisode du soir de « 21 Jump Street ». De manière impromptue, à cette conf de rédaction, une voix joyeuse avait lancé : « Moi, je veux bien travailler avec Olivia. » Alix, grand reporter, spécialiste de Malraux, de cinéma, des anges, des papes et des femmes présidentes de la République des bouts du monde, me sauvait la mise et mon boulot. Nous nous étions retrouvées chez elle, en fin de journée, Alix (non, pas Alex) ignorait l'usage du matin, une bouteille de whisky posée sur son bureau, à devoir pondre dix feuillets sur ce sujet d'agrégation conjugale : comment apprivoiser la bande de copains de son fiancé ? (C'était la grande époque de Patrick Bruel, le chanteur ne sortait jamais sans un manteau cache-poussière façon western spaghetti et dix potes à ses basques.) Je me souviens comme si c'était hier, alors que plus de vingt ans se sont écoulés, du grand rire d'Alix allumant clope et ordinateur : « Bon, je suis ravie de bosser avec toi, mais la psychologie, ce n'est pas mon sujet de prédilection. » Nous avions rigolé comme des bossues et ce papier mémorable avait marqué le début d'une série marrante sur la vie, l'amour et la coiffure. Alors même qu'Alix ne doit sans doute pas se souvenir de « Mariage, petits-fours et grand four », à mon avis notre sommet du genre, j'ai gardé une tendresse pour cette journaliste, à la bouille d'Arnaud Desplechin en fille, devenue un écrivain dont j'adore les récits intimes, tendus comme des polars. Je suis heureuse de parler d'Alex avec elle, j'ose même lui dire que j'essaie d'écrire. Ce moment joyeux et vrai me porte. On promet de se revoir vite.

Et le lendemain, je reçois ce message :

« Chère Olivia, c'est magnifique le cadeau que t'a fait ton frère en partant ! Maintenant, c'est très difficile de faire décoller quelqu'un de sous un pont, et si je peux t'aider, dis-moi. En littérature, on manque aussi beaucoup d'interlocuteurs et puisque notre chère Florence

Malraux dit que je suis un écrivain comme sa copine Sagan… Ne te crois pas obligée non plus mais au cas où, n'hésite pas. En tout cas, je pourrai toujours te donner la recette du polar… Cela m'a fait grand plaisir de te revoir, je t'embrasse très fort. Alix. »

Pour la deuxième fois, Alix vient de me donner l'élan dont j'avais besoin, tel un parent qui lâche son enfant sur un vélo sans petites roues, en courant à ses côtés. Ce n'est pas un hasard si elle est spécialiste des anges. Alix et Alex, mes anges gardiens des mots.

Je pédale le plus vite possible pour ne pas tomber.

Paris, hiver 2015

Il faut le dire aux enfants, ne pas leur mentir. Ne pas ajouter du chagrin à retardement. Ne pas entrer dans les détails non plus. J'enrobe le pont, aussi bien que Christo. Ils pensent qu'Alex est tombé dans l'eau, c'est plus doux. Ils sont affreusement tristes mais, en même temps, l'atrocité peine à trouver un chemin jusqu'à leurs cerveaux. C'est abominable et abstrait. Dès qu'ils savent, ils foncent chez leurs meilleurs amis, nos petits voisins, criant dans l'escalier comme ils annonceraient une nouvelle capitale : « Alex s'est suicidé, Alex s'est suicidé. » J'entends l'un des enfants leur répondre : « Mais moi, mon grand-père est mort, et c'est plus grave. » Alors, ils remontent, essoufflés : « Qu'est-ce qui est plus grave, maman ? Son grand-père qui est mort ou ton frère qui s'est suicidé ? » Balthazar demande si c'est comme les kamikazes qui font des attentats-suicides. Nous parlons jusqu'à épuiser le sens des mots. Je dis n'importe quoi. Oui, c'est bien pour lui. Voilà une occupation pour le temps à venir, s'en persuader.

Boucler une valise, que choisir pour aller dire adieu à son frère suicidé, le protocole est muet sur la question. Mon perfecto et un jean noir, mon uniforme, une tenue dans laquelle il serait fier de moi. César écrit une lettre à sa cousine Juliette : *Je suis triste parce que ton père était mon oncle préféré. Mais s'il a fait ça, c'est parce qu'il avait une bonne raison.* Mon fils philosophe a tout compris. Mon frère avait une bonne raison de mourir. Mais laquelle ?

Paris, hiver 2015

Je dois faire un effort surhumain pour m'intéresser. Aujourd'hui, l'interview de cette écrivaine que je connais depuis belle lurette et dont je connais le discours par cœur, je ne vais pas y arriver. Mon amie Nathalie me conduit partout, me surveille, Mary Poppins éperdue de gentillesse, pense pour moi quand mes neurones s'emmêlent, m'accompagne pour emballer l'affaire. La vieille chouette est au mieux de sa forme :

— Tu as une petite mine…

— J'ai perdu mon frère.

— Ah, ça arrive.

— …

— Et c'est arrivé comment, il était jeune ?

— Il avait quarante-six ans et il s'est suicidé.

— Ah, ça arrive aussi.

Ces propos remettent les pendules à leur place.

Vendredi matin, un premier convoi mortuaire s'envole pour Montréal, nos parents, mes sœurs, Caroline, Chloé et moi. Nos enfants et nos maris nous rejoindront pour la cérémonie. Je me demande comment nous allons nous sortir de ces heures de vol, immobilisés et rétrécis dans des fauteuils à ne rien faire que respirer et penser, on se sent moins mal quand on s'agite. Cela me fait penser à cette scène incompréhensible dans les westerns, où les gens font bouillir des bassines d'eau quand il arrive une catastrophe. Comment on va s'en sortir, telle est la question. De ce voyage ? Du goudron mais aussi des bonheurs qui reviendront ? Il n'y aura pas de happy end, mais sur quel diapason la vie doit-elle continuer ?

Mon père avec ses trop grandes jambes, ce géant synonyme d'autorité, ressemble désormais à de la bouillie d'homme, ma mère se cache derrière des lunettes de soleil. La mort de leur fils les a transformés en spectres, a inversé les rôles. Nous sommes devenus leurs parents, à nous de veiller sur eux. Mais je ne me sens pas prête, je veux être leur fille à jamais, continuer de les regarder comme les héros de mon enfance.

Nous gisons dans la salle d'embarquement, famille décapitée. Sur mon téléphone, je découvre un groupe créé par Florence sur Facebook, « Bye Alex », afin que chacun puisse lui dire au revoir. La série de commentaires s'ouvre par deux photos de lui prises par son ami Yaco, floues, en noir et blanc, comme s'il s'effaçait. La veille de sa mort, il a choisi l'une d'entre elles pour illustrer son profil sur sa page Facebook, un au revoir symbolique. Il a posté le clip d'une chanson des Shoes dont les paysages s'estompent. Il a pensé à tout, préparé sa sortie, suicidé appliqué.

Florence a mis une photo de mon frère, en cow-boy magnifique, au Nouveau-Mexique, prise lors de leur dernier voyage. J'envoie l'image de nous enfants, jumeaux dans nos tee-shirts Port-Grimaud, accompagnée de ces mots :

« Alex était la personne la plus intègre que j'aie jamais connue. Il était beau, fantaisiste et bienveillant. Il était dénué de méchanceté et très intelligent. Il ne savait pas faire les compromis et les arrangements qui permettent de vivre. Je ne pourrais plus dire "mon frère", je suis inconsolable. »

Je tombe sur ce commentaire de Chloé, avec une photo de nous quatre à jamais incomplets,

« Premier jour du reste de nos vies sans lui », et encore « Mon grand frère, ce héros ».

Les images des jours heureux forment le film d'une existence en accéléré, comme ce qu'on raconte des dernières secondes vécues avant de rendre le dernier souffle, où l'on est censé voir défiler les choses de sa vie. Alex adolescent vêtu encore d'un pull en V, déguisé en chanteur de *heavy metal* lors d'une de ses fêtes d'Halloween, emmitouflé par grand froid, bienheureux au soleil, chassant les écureuils dans sa maison avec une crosse de hockey sur glace, en équilibre sur un parcours d'accrobranche, dansant comme un fou, à table beaucoup, clown souvent, moustachu en Magnum à une autre soirée, amoureux, vivant.

Embarquement immédiat, nous tuons le premier vol pour Munich en fricotant à la manière de petits vieux – j'ouvre mon sac, je prends mon portable, je le referme, je plie mes affaires, je les ressors. Transit, nous achetons des hot-dogs pas si mauvais, il faut bien se nourrir. Ma mère n'enlève pas ses lunettes noires, ne parle pas, concentrée sur cet immense effort consistant à rester debout. Elle se tient bien droite dans sa petite armure et son manteau d'hiver. Mon père, rétréci, résiste en racontant l'histoire du courtage d'assurances depuis l'Antiquité à une hôtesse de l'air. Chacun improvise une manière de tenir le choc.

Dans l'avion, assise à côté de Chloé, ma petite sœur si sérieuse, je découvre sa drôlerie acide en ces jours de deuil. Caroline est installée derrière nous, avec nos parents. À elle la bonté et le sens pratique dont je suis dénuée. Elle assure, rassure, elle est l'aînée. Le film de Maïwenn, *Mon roi*, réussit, par intermittence, à capter mon attention. Puis j'ai travaillé, comme d'habitude. Chloé, princesse au petit pois et au palais délicat, a dévoré des boulettes ignobles, farcies d'un truc liquide non identifié, preuve que nous n'étions vraiment pas dans notre assiette. Nous en avons rigolé, sas inattendu.

Depuis combien de temps n'avons-nous pas voyagé ensemble ? La dernière fois, nous partions également vers Montréal, parents, enfants, petits-enfants pour passer Noël avec Alex et Florence. J'étais enceinte de mon fils César, c'était donc il y a dix ans. Nous formions une colonie de vacances, un rêve de famille nombreuse, même un brin recomposée puisque les trois filles de Jean Marc étaient venues avec nous, dans un bed and breakfast du bout de la rue Boyer, devant le parc Lafontaine. Alex était heureux de nous faire visiter sa nouvelle vie. Nous avions joué

214

les touristes parfaits, exploré la ville, patiné à glace, dévalisé les boutiques Roots pour rapporter des tee-shirts et des chaussettes trop chaudes, même mangé de la poutine, la spécialité locale, et goûté tous les sirops d'érable. Nous avions exploré en meute les endroits devenus chers à mon frère, la baignoire ensanglantée était ensevelie sous la neige, la vie était neuve. Je me souviens toujours mieux des livres que des heures. Je ne pouvais pas lâcher *La Route* de McCarthy.

Puis nous avions rejoint un hôtel extraordinaire, à Sacacomie, immense chalet bâti de rondins si énormes qu'on ne pouvait pas en faire le tour avec les bras. À nous le Québec, la balade en traîneau, la promenade à cheval, les descentes à toute allure sur un pneu géant, les kilomètres sur un lac gelé. Déjà Montréalais, Florence, Alex, Juliette et François n'avaient plus froid. Sur les photos, leurs habits chauds leur vont comme des gants alors qu'on a tous l'air déguisé, surtout mon père, coiffé d'un étrange bonnet de ski pointu comme personne n'en met plus depuis Jean-Claude Killy. J'ai failli nous tuer, mon mari et moi, en motoneige. Preuve qu'on ne se connaissait pas encore si bien, qu'il ignorait que j'étais nulle en conduite, Jean Marc avait insisté pour que je pilote et, confondant ma droite et ma gauche, le frein et l'accélérateur, je nous avais envoyés dans le décor, en l'occurrence une rivière au fond d'un fossé. La cuisse de mon mari, bleu marine, est devenue un sujet de conversation pendant les dîners de famille.

Ces hier radieux dorment, enfermés dans une boule de neige en plastique. J'espère pouvoir un jour de nouveau agiter ces souvenirs et ces sourires, sans qu'ils soient obscurcis par l'ombre du pont Jacques-Cartier.

À la descente de l'avion, au poste de contrôle de police, le fort accent québécois de l'officier le rend difficile à comprendre. Il me cueille avec une question à laquelle je ne m'attendais pas :

— Vous venez à Montréal pour des loisirs ou pour le travail ?

Je ne sais que choisir, je ne serais pas plus décontenancée s'il m'avait demandé fromage ou dessert, j'hésite, je me sens suspecte, je bafouille :

— Pour la famille.

Il embraye :

— Vous apportez de l'alcool alors ?

— Non, monsieur.

— Même pas une bouteille de champagne ?

Avec un sourire en coin.

Je le sais de mes précédents séjours, les douaniers ne rigolent pas avec le sujet, l'alcool étant vendu ici seulement dans des magasins d'État.

— Non, monsieur.

— Aucune petite bouteille pour fêter les retrouvailles ?

Et là, armagnac, whisky, vin rouge, vin blanc, il énumère tous les alcools qu'il connaît.

— Je viens enterrer mon frère.

Il change de ton, pas mauvais bougre, il rougit et balbutie une phrase que je ne comprends pas et qui finit par « sympathie ».

Je lui réponds que oui, mon frère était très sympathique, et je me dis que les Québécois sont vraiment des êtres à part, qu'aucun policier français n'aurait eu l'idée de me demander si mon frère était sympathique.

Il tamponne mon passeport avec plein de mots gentils, nous récupérons nos valises et un peu nos esprits, un taxi et nous voilà rue Boyer. Chez mon frère sans mon frère, c'est lunaire. Nous nous serrons dans les bras, Florence, Juliette, François. Ces étreintes donnent envie de sangloter.

De nouveau, on se heurte à la même absence de mots.

Certains amis montréalais d'Alex et Florence sont présents, l'un me dit : « Toutes mes sympathies. » Et là, je comprends le douanier, cette expression, traduction littérale de l'anglais, plus chaleureuse que « mes condoléances », qui sent le croque-mort à plein nez. Je me souviens de Françoise Sagan venue présenter *Bonjour tristesse* à New York en 1955 : « Mon anglais étant limité à mes notes de baccalauréat, c'est-à-dire sept, huit, ma conversation en demeurait disons amène et neutre », écrit-elle dans ses Mémoires. Elle dédicaçait des exemplaires de son roman à tour de bras avec ces mots : *With all my sympathy*. Il a fallu quinze jours pour qu'une âme avisée lui apprenne qu'elle venait d'adresser ses condoléances à tous ses fans américains. J'adore cette histoire.

Les généralités sont toujours fausses, il existe sûrement des Québécois cons comme des valises sans poignée, mais les amis d'Alex et Florence sont intelligents, naturels, attentionnés, gentils et délicats. Ils nous offrent leurs bras, à boire, à manger. Ici, lorsqu'un proche est en deuil, on lui apporte de bons petits plats pour le débarrasser, au moins, des soucis du quotidien. Le réfrigérateur déborde, la maison aussi. La réalité est floue, la fatigue, le décalage horaire, le chagrin, l'horreur du pont jurent avec la chaleur de cet accueil. On ne sait plus ce qu'on ressent. Qu'est-ce qu'on fait là ? Florence, fracassée et exaltée par les médicaments, souffle : « On va faire une grande fête pour Alex. » Je me dis : c'est curieux et parfait.

Mes parents ressemblent à des enfants perdus. Ils s'installent avec mes sœurs dans une maison louée par Caroline sur Airbnb, je reste rue Boyer, dans la chambre de Juliette ; elle dort dans le salon, avec ses amies, sur des matelas. À mon réveil, j'essaie de m'accrocher au sommeil dans lequel je me suis réfugiée, je dors à moitié, je sais qu'il s'est passé quelque chose d'horrible mais je ne sais plus quoi, je voudrais ne jamais me réveiller.

Suit un magma de journées tendues vers le moment où nous irons voir Alex une dernière fois. On vit en sursis. Ma mère se tait en souriant poliment, mon père parle tout le temps à tout le monde, je crois qu'il prononce plus de mots en ces quelques jours que dans toute l'année passée, et peut-être à venir. Il semble soulagé de converser avec les amis de son fils, il leur raconte des histoires qu'on connaît par cœur, il est à l'aise avec eux, je trouve ça bien. Mes parents me bouleversent, je voudrais les protéger.

La maison est pleine d'une foule attentionnée et affairée, et de bonnes choses à manger livrées avec régularité, on finit par les jeter. Une intensité de sentiments, d'affliction mais aussi d'affection, imprègne ces heures inédites. Personne n'essaie de se montrer sous son meilleur profil, on est tous à nu. Elle n'est pas désagréable cette manière de vivre en toute transparence. Quelque chose me plaît dans cette absence de formalisme et cette sincérité. Un temps, les faux-semblants n'existent plus.

La cérémonie se déroulera dans un salon funéraire, Alfred Dallaire, boulevard Saint-Laurent, choisi par les amis d'Alex pour sa simplicité zen. Ici, tout se déroule différemment, et cette étrangeté ajoute encore au sentiment d'être tombés dans une nouvelle dimension. Je ne comprends rien. Les Québécois s'occupent de tout, et nous, les Parisiens, sommes maladroits et désœuvrés. On regarde passer le temps et, en boucle, les albums de photos sur la table basse du salon. On se gorge de souvenirs.

Ma mère, mes sœurs et moi devons choisir des fleurs, la seule chose à notre portée. On arpente tout le quartier comme si nos vies en dépendaient, à la recherche de bouquets qui auraient plu à Alex, qui plairont à Florence. Quatre poules devant un couteau. Quelles fleurs pour enterrer un fils, un frère ? Comment s'habiller pour aller le voir ? Le quotidien ressemble à une suite de questions

220

absurdes qu'on ne devrait jamais avoir à se poser. On enchaîne les fleuristes, on réserve des roses rouges, on finit par choisir des tulipes blanches. Nous revenons à la maison, notre minuscule mission accomplie. Certains amis embarquent des objets d'Alex au salon funéraire afin d'y reconstituer un lieu à son image. D'autres préparent des films, montage de dizaines de photos, choisissent des petits-fours et des salades. Tous ont la délicatesse de nous demander notre avis. On essaie de s'intéresser mais la vérité c'est qu'on n'en a rien à faire de ce qu'on va manger. Qu'est-ce qu'on sert à l'enterrement de son frère, encore une drôle de question. Joker et sourire cousu aux lèvres. Nous sentons bien que c'est pour nous qu'ils s'activent ainsi, alors on fait semblant d'avoir un avis. La disparition d'Alex nous a transformés en gentils automates. On se croirait presque la veille d'un mariage.

Le soir, on se sent mieux que le matin. « C'est peut-être le vin blanc », hasarde la plus fidèle des amies, Stéphanie.

La cérémonie sera laïque mais ma mère et mes sœurs ont obtenu de Florence qu'un prêtre dise quelques mots. Elles préparent cet instant religieux, me demandent de les accompagner, mais je me demande bien ce que je pourrais dire, je trouve que Dieu a été singulièrement absent sur ce coup-là. Je me souviens de l'abbé Pierre à qui j'avais demandé, question idiote, et les guerres, et la Shoah, et les enfants qui meurent de faim, il fait quoi votre Dieu ? Je l'entends me répondre : « Mais ce sont les hommes, Olivia, Dieu n'y est pour rien. »

Tout le monde s'occupe de tout, il me reste les mots, les pauvres mots pour essayer de parler de toi. Enfin quelque chose de familier.

Et puis, il y a cet article dans le journal qui lui rend hommage et nous met du baume au cœur.

Paris, hiver 2015

Pourquoi est-ce dans la rue que le chagrin me tombe dessus ? Jusqu'à me couper
le souffle et me faire pleurer. Un combat
sans ennemi. On voudrait hurler de douleur mais on ne sait même pas où on a mal.
Aucun médecin à appeler. Aucune plaie à
panser. De toute façon, dans la famille on ne
se soigne pas. *Never complain, never*, appeler
le médecin. Ça va passer. Mais si ça ne passe
pas ? Je touche un point névralgique de notre
histoire. Mon frère ne s'est pas soigné, ou si
mal, pendant des années, à coups de Prozac,
dont l'effet s'inversait avec l'alcool. Je consulte
quand vraiment je ne peux plus faire autre-
ment. Nous avons été élevés comme des êtres
sans corps. De purs petits esprits. On ne se
touchait pas. La chair ne méritait pas qu'on en
parle ou qu'on y prenne garde. Une famille de
fantômes. J'éprouve une antipathie immédiate

pour les femmes trop apprêtées ; tant d'heures passées à se coiffer, se maquiller, se manucurer me semble une offense à la morale. Quasi à la bonne marche du monde. En même temps, comme m'a dit drôlement Basile la semaine dernière, chez nous, quand on parlait de quelqu'un, c'était tout de suite : combien il pèse ? Un esprit sain dans un corps maigre. Comme si ce faux ami ne devait pas prendre trop de place. Je m'étais surnommée « la naine obèse » parce que j'étais la plus petite et la plus grosse de la famille. Nions la chair et lisons tous les livres. Alex a laissé la mort infiltrer tout son être et j'ai laissé la vie envahir le mien dans le plus grand incognito. Cachez ce corps que je ne saurais voir. Sanglots dans la rue des Bernardins, quand, tout à coup, mes yeux se posent sur une affiche : Alex, chanteur, donnera une représentation au collège des Bernardins. Ouf, tu es là, pas loin.

Avec qui parler ? Je déteste ce silence qui s'étend sur mon frère. La violence de sa mort a recouvert son existence d'une impossibilité de parler de lui vivant. Quand les gens meurent d'un cancer ou d'un accident de voiture, passé un délai de carence, on a l'autorisation de se souvenir d'eux, de se rappeler ce jour où on avait tellement ri, de leurs fêtes d'anniversaire, de leur chemise hawaiienne ou de leurs cheveux toujours gras. Mais pour Alex, motus et bouche cousue, l'invoquer joyeux, tirant ses proches dans son sillage, est une offense au malheur. Parler de sa mort, donc de la façon dont il a choisi de se la donner, est tabou. C'est la double peine, silence et silence. Parfois, on croirait même qu'il a commis une mauvaise action. Ceux-là mêmes qui se gargarisent avec leur liberté, revendication que j'ai toujours trouvée un peu louche – liberté de quoi ? de tromper sa femme ? D'humilier ses collègues ? –, ceux-là mêmes ont l'air de trouver suspecte la liberté ultime d'en finir avec la vie.

Je ne veux pas faire comme s'il n'avait jamais existé. Cette négation me donne envie de hurler dans ce monde de voix douces et d'yeux rouges.

Et puis, de toute façon, parler avec qui ? Nos parents sont trop bouleversés. Notre mère a choisi le silence, même lui demander comment elle va semble la peiner, quand notre père pleure des rivières dès qu'on prononce son prénom. Avec nos sœurs, le deuil est inégal, il appuie sur des points de névralgie différents. Nos douleurs ne sont pas solubles dans la même eau. Et pourtant, la mort d'Alex nous a encore rapprochées, Caroline et Chloé, admirables, courageuses. Je voudrais qu'on se colle ensemble comme des chiots.

Parler avec mon mari ? J'ai peur de lui faire peur, qu'il ne finisse par penser que je suis obsédée, peut-être malade, sombre par hérédité, un fardeau en guise de femme. Mais non, je ne suis pas morbide, je veux juste me vautrer dans le chagrin jusqu'à épuisement, en éprouver chaque nanoparcelle pour essayer d'y trouver un sens. Me rouler dedans, selon l'expression québécoise. Souvent, on me dit, avec toutes les bonnes intentions du monde : « Ça va aller », je crois même que c'est ce que j'entends le plus ces derniers temps. Mais non, ça ne va pas aller du tout, car je ne veux pas que ça aille. Je ne veux pas reprendre ma vie comme si le 14 octobre n'avait jamais existé. Ce serait renier mon frère. Sa vie et sa mort sont inscrites dans tout ce que je fais, vis, ressens. Je cherche, en me cognant, la liberté qu'elle pourrait m'apporter, la vérité qu'elle me permettrait d'atteindre. Je veux que sa mort me donne de la hauteur, pour qu'il n'ait pas souffert pour rien. Je m'obstine à traquer je ne sais quelle révélation cachée jusqu'à présent aux pauvres vivants que nous sommes. Une croyance qui n'a rien à voir avec la religion, mais avec la vie que nous menons en faisant semblant d'être immortels. Je vomis ces cons obsédés par la décoration de leur salon et la composition de leurs menus. Qu'ils chérissent leurs intestins et vomissent leurs sushis. Cette obsession pour le bien-être alors qu'on va tous finir en cendres ou en poussière.

Je voudrais apprivoiser la mort de mon frère jusqu'à ce qu'elle devienne un petit animal familier. Et je le caresserai jusqu'à m'user les doigts. Dans la famille, on n'aime pas les animaux, trop de corps sans doute. Pas assez propres. Chez nous, on s'applique à tout nettoyer comme des brutes. Tout doit être impeccable et bien rangé, mais qu'est-ce qu'on s'applique à vouloir laver ?

Tout à coup me revient le souvenir très ancien d'une de mes premières interviews. J'étais toute jeune et l'on m'avait envoyée rencontrer la journaliste Geneviève Jurgensen, auteure d'un livre bouleversant sur ses deux petites filles fauchées dans un accident de voiture. Elle avait donné naissance à deux enfants, juste après cette tragédie, alors que tous les psys lui recommandaient d'attendre. Mais attendre quoi ? Et cette femme m'avait expliqué que lorsqu'on lui demandait combien elle avait d'enfants, elle ne savait pas quoi répondre : deux ou quatre ? Aujourd'hui, je la comprends.

C'est fou comme la mort embarrasse les vivants. Des rites funéraires inventés par les civilisations anciennes on a conservé l'apparat. Des manières qui sonnent creux. S'habiller avec des vêtements foncés, creuser des tombes, envoyer des fleurs, puis, hop, faire disparaître la peine par un tour de passe-passe et remonter dans le métro de l'existence.

Même les mots sont faux, *il est parti*, *sa disparition*. Je déteste ces euphémismes. Monte en moi une immense violence face à cette attitude feutrée, aux phrases de circonstance, aux gueules toutes faites, l'envie de hurler le nom d'Alex, de provoquer un esclandre à la mesure de l'énormité de son suicide. On ne va pas s'en sortir avec des regards contrits. Il faudrait employer toutes nos forces à lui trouver un sens.

Je suis crucifiée par la disproportion scandaleuse entre cette mort, gigantesque, et la petitesse de nos réactions. Par l'impossibilité de traduire en actes ou en discours la violence du choc qui a déchiqueté nos sentiments et notre conscience. Mon frère s'est jeté d'un pont sécurisé par des rambardes conçues par des ingénieurs et je devrais faire mon deuil, expression répétée en boucle par des imbéciles.

On voudrait le faire passer, comme on avorte – « On va le faire passer » –, avec des « Ça va aller » ! Ah, ce festival de platitudes proférées avec plus ou moins d'empathie, ce brouhaha d'« Il faut : que tu te reprennes, que tu prennes des médicaments, que tu penses à

autre chose, que tu te distraies. » Je hais les loisirs. Les seules personnes avec qui il est possible d'échanger autre chose que des banalités
sont ceux à qui c'est arrivé. La petite famille
de ceux qui restent. Le monde se divise entre
ceux qui savent et les autres.

Il faut une liberté d'esprit singulière pour
s'élever au-dessus des « Ça va aller », celle
des enfants ou celle des gens qui ne pensent
pas dans les clous. C'est Anna Gavalda,
croisée boulevard Saint-Germain au mois de
novembre et me disant, comme ça, entre deux
passants, avec son naturel : « Oui, c'est triste,
mais c'est ce qu'il voulait, alors c'est bien. »
J'en étais restée un peu sonnée, mais cette
claque remettait les choses en leur juste pers-
pective, car cette femme envisageait la mort
non pas égoïstement de notre point de vue,
mais de celui d'Alex. Ses mots étaient vrais.
Cette mort m'oblige à me mettre à la place de
mon frère.

Sa disparition a provoqué un grand ménage,
même parmi des proches que, pourtant, je
croyais beaucoup aimer. Celui-là m'appelle
pour se plaindre que dans son entreprise, c'est
horriiiiible, je ne peux pas comprendre, il ne
supporte plus son stress, son image, sa fatigue.
Ces propos m'ont rendue méchante, je l'ai
laissé s'épancher et, d'une voix très douce,

je lui ai dit : « Moi, depuis que mon frère est mort, je m'accommode de tout », et j'ai raccroché, le laissant à ses problèmes.

Alex, je ne veux pas voir mourir sa mort. Je veux en éprouver toutes les particules, la revendiquer, y puiser des ressources insoupçonnées, explorer cet inconnu, porter un brassard noir, hurler au scandale, scruter les cieux, comprendre.

Alex avait laissé des lettres d'adieu à sa femme et ses enfants, mais aussi ces mots à sa famille et ses amis, retrouvés par Florence dans son ordinateur.

J'hésite à les reproduire, mais ils témoignent de la délicatesse de mon frère.

C'est impossible (et pourtant on aimerait tellement aider les gens à se préparer) de parler du suicide à qui que ce soit. Il/Elle se retrouverait immédiatement avec une bien trop lourde et inutile responsabilité.

En fait, les jours où le moment approche, on est même obligé d'éviter toute anicroche ou indice avec qui que ce soit pour qu'il/elle ne puisse jamais se dire : « C'est ma faute », ou : « J'aurais dû deviner. » Ce n'est pas votre faute, et vous ne pouviez pas deviner, parce que je m'en suis assuré.

Je suis désolé mais pour moi c'est mieux.

Prenez soin de ma femme, la meilleure du monde pour moi, et de mes enfants qui sont tous les deux, vraiment, ceux que j'aurais aimé avoir, et même mieux.

Je vous aime tous
Merci de m'avoir aimé
Ça m'a fait vivre.
Alex

Mon frère mon frère mon frère mon frère mon frère mon frère mon frère mon frère mon frère mon frère mon frère mon frère mon frère mon frère.

Si, pour toi, c'est mieux, j'accepte de vivre décapitée.

J'ai passé des journées entières à relire ces mots, m'efforçant de chasser l'image de mon frère, les tapant, harassé et déterminé, à la recherche d'un sens caché, d'une explication tapie, d'un bon sang, mais c'est bien sûr. Un détail a fini par me sauter aux yeux dans la mise en page. Le texte commence très haut sur le fichier, sans ligne d'espace, comme si Alex avait coupé le début de la lettre. Qu'a-t-il enlevé au dernier moment ? Le secret réside-t-il dans ces mots manquants ?

« Adieu soleil cou coupé. »

Le mystère demeure mais la détermination est bien présente. Sur son dernier carnet noir, Alex a dessiné une petite croix à la date du 14 octobre. J'ai sous les yeux cette page, il n'a pas appuyé sur le crayon, elle est légère comme une plume d'oiseau. Quand l'a-t-il dessinée cette croix qui nous crucifierait ? On ne le saura jamais, mais imaginer mon frère la traçant me plonge dans un abîme de désespoir dont je n'avais pas idée.

Montréal, 22 octobre 2015

Aujourd'hui est une journée particulière, celle de l'incinération. Elle évite de choisir entre Paris et Montréal. De l'enterrer ici ou là. Encore une question bizarre : quelle urne ? Florence en choisit une, belle, blanche, épurée, dans un beau marbre carré. Je n'arrive pas à imaginer mon frère dedans.

Il pleut cette après-midi, le ciel est si bas qu'on pourrait y pénétrer, nous partons en voiture pour aller voir mon frère une dernière fois. Lui dire au revoir. Honnêtement, on atteint des sommets d'insupportable. Je me souviens du père de Basile, mort il n'y a pas si longtemps. Tout le monde m'avait dit avant la mise en bière : « C'est merveilleux, tu vas voir, il aura retrouvé sa tête de vivant. » Mais j'avais trouvé Gilles très mort. J'appréhende ce moment et, en même temps, je suis impatiente. Voilà deux jours qu'on est arrivés, à parler sans arrêt d'Alex, mais c'est comme s'il manquait l'invité principal. J'ai peur pour mes parents.

C'est lui mais ce n'est pas lui. Il est tellement sérieux. Et puis je ne l'ai jamais vu les yeux fermés. Je donnerais un bras, deux bras, une jambe, ne plus jamais marcher, courir, baiser, pour qu'il les ouvre. D'accord, il a l'air calme, mais, au fond, il a l'air rien. Il n'est déjà plus là. Mais où, putain de merde ? Je voudrais m'asseoir à côté de lui et ne plus bouger. Le couvercle du cercueil recouvre ses jambes, je me dis qu'elles doivent être toutes cassées. De battre son cœur s'est-il arrêté avant le grand fracas au sol ?

Je voudrais le toucher une dernière fois mais je n'ose pas. Je voudrais me souvenir de l'intensité de cet instant, parce que même ça, ça va disparaître. Je comprends cette époque révolue où l'on exposait des jours durant les dépouilles des défunts, où on les photographiait, Charles Baudelaire, Victor Hugo, la mort faisait partie de la vie. Aujourd'hui, les corps morts sont devenus indécents, c'est absurde.

Je pense à cette dame originaire d'Afrique avec qui je prends le bus, quand je sors de *Télématin*. À force de nous trouver assises à côté, nous nous sommes parlé. J'aime beaucoup cette proximité dans le quotidien, parler de ses enfants avec le boucher, rire à la blague, toujours la même, d'un vieux monsieur devant le Crédit Lyonnais lorsque je retire de l'argent : « Vous m'en laissez, vous ne prenez pas tout ! » Cette proximité façon « Rue Gamma », cette vieille réclame, me rassure.

Il y a peu de temps, cette dame du bus m'a confié que son beau-père était mort, j'ai compati, je suis touchée par la vaillance de cette femme élevant ses deux fils toute seule. Elle a ajouté : « Il était très beau, tenez je vais vous montrer », et elle m'a tendu son portable. Sur la photo, l'homme était mort, aussi mort que mon frère aujourd'hui. J'ai tressailli, masqué ma surprise, me suis forcée à regarder, cette scène était folle, dans le PC, à neuf heures du matin, et elle me répétait : « On n'est rien, Olivia, nous, les humains, de la poussière, et on ne cesse de l'oublier. »

C'est tellement dingue de le voir mort.

Ce moment est le plus douloureux jamais vécu et pourtant je voudrais qu'il ne s'arrête jamais. Car, après, mon frère va brûler et on n'aura même plus l'atroce consolation de le voir mort. Un monsieur funéraire nous explique la suite des *événements*, encore un euphémisme. Je voudrais rester aux côtés de Florence mais je n'y arrive pas. Des bruits de ferraille m'agressent. D'un côté, il y a mon frère, de l'autre, il y a des flammes, je ne veux pas voir. Je pense qu'on ne s'en remettra jamais.

Je fume et fume sous la pluie. Encore et encore, les mots nous font défaut.

Pause.

Mes sœurs partent chercher les enfants et les maris à l'aéroport. Je rentre chez mon frère et je me couche dans le lit de Juliette. Je suis hors service, hors des vivants. Ma tristesse se mue en colère. Quand je descends, après avoir essayé en vain de me reposer, tous les amis d'Alex préparent un dîner, et ce sentiment indicible qui me broie le ventre depuis trois jours s'exprime enfin. Je sanglote, je bave, je crie : la vie de mon frère était ici, dans cette cuisine, dans cette maison, dans ce pays, et à les voir tous trouver le sel et les fourchettes les yeux fermés dans le bon tiroir, je m'en sens terriblement exclue. En plus de sa mort, la vie que je n'ai pas partagée avec lui m'étrangle le cœur, me saute à la gueule. *Basta, è finita la commedia.*

C'est vous qui l'avez connu, aimé, choyé, c'est vous qu'il a connus, aimés, choyés, choisis, putain de merde. Pourquoi a-t-il voulu partir pour Montréal en me laissant si seule ? Je pleure de n'avoir pas partagé son quotidien, d'avoir raté même ses lourdeurs et ses désagréments.

Depuis mon arrivée à Montréal, j'ai l'impression d'être une chienne dans un jeu de quilles. Une invitée. La cousine de province. Le sentiment de l'avoir manqué m'empêche de respirer, je crache mes mots, je crache mon chagrin amer.

Dans ce marasme, il se produit quelque chose de merveilleux, les amis de mon frère comprennent. Ils ne me prennent pas pour une pauvre fille, ils entendent chaque mot de mon manque. Cette certitude d'être comprise allège ma fureur et j'arrive à me réjouir que mon frère ait vécu entouré de gens d'une si grande qualité. Ils me réconfortent. Je suis rincée.

Merci Franck et Guillaume, Sophie et Stéphanie, Sophie et Pascal, la grande Catherine, Alexandra, Gilles et Barbara.

Il fait froid. Florence prépare le bois pour allumer le poêle du salon. Comme dans un tour de magie, un oiseau noir s'échappe de la grille ouverte. S'envole au premier étage, se heurte au plafond, le volatile ne veut pas sortir de la maison. Nous sommes saisis. Sans qu'on ait besoin d'échanger une parole, nous en sommes tous persuadés, c'est une certitude, c'est Alex. Ce moment miraculeux nous éblouit.

Dorénavant mon frère est un oiseau. Il vient de nous envoyer un premier signe de cet endroit sans nom où il vit désormais.

Alors cet oiseau d'ébène, par la gravité de son maintien et la sévérité de sa physionomie, induisant la triste imagination à sourire : « Bien que ta tête – lui dis-je – soit sans huppe et sans cimier, tu n'es certes pas un poltron, lugubre et ancien corbeau, voyageur parti des rivages de la nuit. Dis-moi quel est ton nom seigneurial aux rivages de la Nuit plutonienne ! » Le corbeau dit : « Jamais plus ! »

Edgar Allan Poe

Tout juste arrivés de Paris avec Jean Marc, mon fils aîné, Basile, mes beaux-frères, Bruno et Emmanuel, les enfants de ma sœur Caroline, Colomba, Paloma, Bianca et Lorenzo, envahissent l'espace de leur jeune inconscience. Leur présence rend la maison souriante. On veut les épargner, on se reprend. Nous arrivons même à rire.

Le lendemain, jour de la cérémonie, je me colle à l'ordinateur pour écrire sur mon frère, si je ne le fais pas, je ne me le pardonnerai jamais.

On se lave les cheveux, on se sèche les cheveux, on partage ce toc Florence et moi, si notre maison brûlait, nous sauverions nos enfants et notre sèche-cheveux. Cette idée idiote me fait penser à cette question posée à

Jean Cocteau : « Si votre appartement brûlait, qu'emporteriez-vous ? – Je prendrais le feu », avait répondu le poète. Alex aurait sauvé le feu, lui aussi.

On se fait élégants. Puis on y va. Et tout devient indécis.

La cérémonie débute par une bénédiction du prêtre, ses mots ne s'impriment pas, il parle de Céline Dion, nous arrache un pauvre sourire.

Mon père prend la parole.

« Quand tu étais enfant, la famille de ton meilleur ami t'avait surnommé le Petit Prince. Vous connaissez tous le merveilleux récit de Saint-Exupéry. Eh bien, je crois qu'il nous aide à comprendre ce qui s'est passé. Tout simplement le "Petit Prince Alex" a décidé de regagner sa planète, nous laissant malheureusement dans un profond désarroi. Mais je suis sûr que, là-haut, il est heureux et j'ai l'intime conviction qu'il peut nous voir et nous entendre.

« Alors non seulement ne l'oubliez pas, mais n'hésitez pas à lui parler ! Et vous verrez que, d'une manière ou d'une autre, il vous répondra et continuera à vous guider et à vous manifester son amitié, son affection et son amour. »

Ses amis se souviennent de lui, mais leurs sanglots conjugués à l'accent québécois me les rendent presque incompréhensibles.

Et puis je parle de ce frère qui trouvait des solutions à tout, ce minuscule cow-boy blond qui, lorsque nous jouions aux *Mystères de l'Ouest*, m'avait déclaré : « Toi, tu seras la petite dame du saloon. »

Enfin l'amie de mon frère, l'artiste Ariane Moffatt, star à Montréal, interprète une chanson d'Alain Bashung en s'accompagnant au piano.

« *Aucun express ne m'emmènera / Vers la félicité / Aucun tacot n'y accostera / Aucun Concorde n'aura ton envergure / Aucun navire n'y va.* »

C'est magnifique et sobre, mais tout le monde pleure.

Et voilà, c'est fini.

Après, Caroline, Chloé et moi nous laissons porter par la gentillesse émanant de gens qu'on ne reconnaît pas toujours. J'écoute ces mots dessinant les contours de mon frère montréalais. Houle sentimentale de mots : son talent, ce qu'il a apporté au jeu vidéo « Assassin's Creed », sa sensibilité, sa créativité, sa drôlerie, ses absences, sa franchise, son élégance, sa jovialité, ses reparties, ses coups de gueule, ses répliques cinglantes, son humour noir, sa tendresse. J'absorbe toutes ces sympathies avec reconnaissance.

Un peu partout dans ce salon funéraire sont disséminés des objets chers à mon frère, comme s'il nous recevait chez lui. Au mur sont projetées des photos, précipité de son existence. Thomas, son plus vieil ami, a envoyé de Paris un montage de films réalisés en Bretagne lorsqu'ils étaient enfants. Alex doit avoir six ans, on le voit, pendant les vacances de Pâques, blondinet au sourire triomphant, courir à toutes jambes chercher des œufs dans le jardin, chef de file d'une farandole d'enfants. Il est le maître du jeu, il a toute sa vie entraîné ses proches dans son élan.

Beaucoup de gens parlent aussi de Justin Trudeau dont la victoire aux élections fédérales a été une surprise le 19 octobre. Certains sont enthousiasmés, d'autres disent qu'il a été élu parce qu'il s'est engagé à légaliser le « pote », je pense que cet homme jeune et moderne aurait plu à mon frère.

Ses amis Gilles et Barbara ont eu l'idée de faire fabriquer de petites lettres en plastique avec une imprimante en 3D : un A noir, calqué sur la typographie du A posé sur la fenêtre de sa maison. Chacun repart avec son A et avec une clé USB sur laquelle d'autres amis ont copié les chansons qu'Alex écoutait le plus dans sa bibliothèque iTunes, de Benjamin Biolay à Rihanna.

Ces proches se rassemblent sur WhatsApp en un groupe appelé « Autour de Florence », infaillible comité de soutien. Chacun veille à sa façon sur la femme de l'ami perdu, s'assure qu'elle n'est pas seule, y sont inscrits les dîners, les déjeuners, pour que la vie continue sans lui. La bonté de cette solidarité tissée autour de Florence en peine me bouleverse.

C'est fini. Il faut accepter l'idée que, doré-navant, je ne verrai plus mon frère qu'en moi-même, et cultiver cette part de moi qui apprend à l'accueillir.

Dans l'avion me ramenant à Paris, j'oublie mon ordinateur et mon téléphone. Plus d'ar-chives, plus de contacts, plus de monde exté-rieur.

Alors que je pleurniche, mon fils Balthazar m'interroge de sa voix de trompette :

— Tu pleures parce que tu as perdu tes affaires ?

— Oui.

— Mais elles n'étaient pas de notre famille !

Je suis toujours carnivore – à quoi servent nos dents ? – mais je deviens bouddhiste grâce à mon petit garçon. En une phrase, cette perte m'indiffère. Bénéfice secondaire du malheur, le bonheur ne me frappe plus au cœur, mais les contrariétés non plus.

Paris, hiver 2015

À Paris. Il faut essayer de reprendre la vie là où on l'a laissée. Sauter par-dessus cette faille spatio-temporelle qu'est la disparition, ce qui revient un peu à vouloir sauter à pieds joints au-dessus du Saint-Laurent. Je me gorge de l'énergie de mes enfants, respire le parfum de leur nuque. Je règle mon pas sur celui de mon mari. Je marche dans son sillage.

Mon amie Marie-Françoise me trouve en trop petite forme, elle me conseille d'aller voir un magnétiseur. Je suis prête à tout, même à aller voir des docteurs foufous. Je ne crois plus qu'à la pensée magique, je vois des oiseaux partout, je donne des billets aux clochards afin qu'ils n'échouent pas aux urgences psychiatriques. Me voilà donc dans un immeuble moche du douzième arrondissement ; le hall suinte une odeur forte et rance, mélange de transpiration et de produits ménagers des bâtiments récents mais déjà plus modernes. J'ai peur qu'elle ne s'imprègne dans mes vêtements et que le monsieur ne pense que je sens mauvais. J'ai mis une jolie petite culotte au cas où il faudrait que je me déshabille, Petit Bateau pour qu'il n'y ait pas d'ambiguïté, je n'ai aucune idée de ce qui m'attend. L'appartement est laid, carré, avec du faux plancher, docteur foufou n'a pas l'air maboul – je n'en dirais pas autant de son chien –, il ressemble à un dompteur du cirque Bouglione avec un jogging brillant fatigué et paraît surtout préoccupé par le retard de sa livraison Ikea.

— Appelez-moi Franck, mon chien s'appelle Claude François, enlevez juste vos chaussures et vos bijoux. Les radiations des pierres peuvent interférer avec mes soins.

OK, Franck, je vais faire comme si Claude François ne me regardait pas de travers, je vais m'allonger sur une table de massage dans un coin de la pièce protégée par un rideau et plongé dans une semi-pénombre. Je n'ose pas trop regarder autour de moi, il y a des flacons, des cailloux, des statues avec plein de bras, des bibelots à gogo rapportés d'Inde par des touristes gogo. Je suis allongée sur le ventre, je ne sais pas ce qu'il fait, Franck agite ses mains à quelques centimètres de moi, sans jamais me toucher. Et, bizarrement, je sens des rayons d'énergie, une grande chaleur se déplacer sur mon dos. C'est assez étonnant et pas désagréable.

— Je vois beaucoup de lumière.

— Ah bon, c'est chouette alors.

— Mais vous aviez bien besoin de venir, vos énergies sont nouées, verrouillées même. C'est étrange, je vois des enfants dans un camp de réfugiés.

— Ah oui, c'est très étrange !

— Vous faites de la photo ?

— Non, je suis journaliste.

— Ah, alors vous voyagez beaucoup ?

Je n'ose pas le contredire, lui avouer que je dépasse rarement la zone B du RER et que je rencontre encore moins de réfugiés. Je suis faible : même quand je ressemble à un caniche chez le coiffeur, je remercie et je dis que c'est parfait.

— Oui, ben, je pars en vacances, quoi. En Grèce, mais bon, à Patmos, on rencontre plus d'écrivains que de réfugiés…

— Il vous est arrivé quelque chose, je sens un grand froid ?

— Oui j'ai perdu quelqu'un que j'aimais infiniment.

— Votre mari ?

J'ai l'impression qu'il vient de tuer mon mari, je m'insurge.

— Non, mon frère.

Flash-back sur le jour de mon mariage, le 17 juin 2006, décidé sur un coup de tête quelques semaines auparavant. Évidemment, Alex, Florence, Juliette et François étaient venus de Montréal pour la cérémonie à la mairie du cinquième arrondissement et le déjeuner sur un bateau dessiné par Jean Marc. Évidemment, j'avais choisi mon frère comme témoin, ainsi que mon amie de toujours et pour toujours, Delphine. Alex a tout de suite aimé Jean Marc, lui qui pouvait être si tranchant, parfois jusqu'à l'injustice, dans ses affections. Aurais-je pu épouser un homme qu'il n'appréciait pas ? Ce 17 juin, à la mairie, mon frère était resplendissant. Sa barbe carrée n'assombrissait pas son visage, la gaieté collait encore à son allure. Tess, la petite fille de mon amie Nathalie, était venue me voir pour me demander à l'oreille pourquoi je ne me mariais pas plutôt avec celui-là si beau, en le montrant du doigt. « Parce que c'est mon frère. » J'étais heureuse à en crier ce jour-là entre mon mari et mon frère.

— On sent une grande peur en vous…
— Ah…
— Vous vous êtes cassé le genou ?
— Non. (Je pense genou, la bonne vieille blague lacanienne, je nous… il doit la faire à tout le monde, mais je me tais.)

246

— C'est parce que votre frère a eu très peur.

— Ne me dites pas ça.

Je maudis Marie-Françoise, je m'apprête à me relever pour quitter cet endroit et ce crétin. J'ai chaud, j'ai froid, je ne veux pas qu'on me dise qu'Alex a eu peur. L'apprenti sorcier poursuit :

— Vous savez que j'ai la capacité de parler avec les personnes décédées.

Interloquée, je ne me lève pas. Et j'arrive à prononcer :

— Ah bon.

Je n'ai pas le courage, ou alors je ne suis pas assez folle pour lui demander ce que mon frère lui dit. Je sens que j'ai le QI d'un yaourt nature. Il m'assure que mon frère va très bien quand la sonnerie le ramène sur terre.

— Excusez.

Je m'assoupis vaguement, j'ai peur que, profitant de l'arrivée du livreur et de la désertion de son maître, le chien ne saute sur moi. « Tout doux, Claude François. » Je suis venue pour reprendre des forces et je parle à un chien.

Quand Franck revient – « Excusez » –, sans doute soulagé par l'arrivée de son étagère Billy, il s'emballe, parle désormais de moi à la troisième personne : « Elle doit s'ouvrir, Olivia », s'agite dans mon dos à grandes gouttes d'huiles sans doute essentielles. « Elle a du chagrin, Olivia, elle a besoin d'améthyste. » J'ai beau me moquer, quand il passe ses mains au-dessus de moi – « Je vais faire pleuvoir le jade » – sans jamais me toucher, je sens une immense énergie, ces simagrées ne peuvent pas me faire de mal. Puis je m'endors. Puis c'est fini.

Je remets mes chaussures, je lui donne soixante euros, somme raisonnable pour quelqu'un qui parle avec les morts et, trois siècles de courtoisie dans mes gènes, au lieu de prendre mes jambes à mon cou, je compatis :

— Ça doit être très fatigant pour vous une séance comme ça.

— Pas du tout, c'est très sympathique, dans ma famille on a un don de père en fils, ça me vient tout seul. Et avec vous c'était vraiment facile, vous êtes très réceptive. Je peux vous faire une confidence ?

Au point où on est, évidemment, Franck.

— Je crois qu'on s'est déjà croisés dans une vie antérieure. Je suis sûr d'avoir déjà rencontré votre âme quelque part.

Je n'ose pas rétorquer qu'il m'a peut-être vue à la télévision. Je demande s'il faut que je revienne et là, il ferme les yeux, prend un air inspiré et répond avec conviction :

— Fin mars, ce sera parfait.

Je ne vais ni mieux ni plus mal.

Paris, 12 novembre 2015

Nos parents ont voulu organiser une messe pour leur fils dans une église de la rue d'Auteuil. C'est normal, c'est juste, c'est bien que notre famille et ses amis parisiens puissent se recueillir, mais c'est aussi la double peine, mon frère est déjà mort à Montréal, voilà qu'il vient mourir à Paris. Ma mère et mes sœurs ont tout organisé, choisi les textes, les chants, la musique, fabriqué un livret avec la photo de mon frère qui me regarde depuis un petit autel posé sur mon bureau. Parfois, j'espère de toutes mes forces qu'il va me faire un clin d'œil comme sur ce film, baptisé « la vidéo qui fait pleurer », que Florence m'a envoyé.

Je n'ai aucun avis sur rien, je ne suis d'aucun secours dans la préparation de cet office religieux. Je suis une mauvaise fille, j'aimerais tirer un feu d'artifice en l'honneur d'Alex ou organiser une soirée où l'on danserait ivres morts jusqu'à l'aube, expurger le chagrin plutôt que le ravaler, emmerder les convenances, horrifier comme on est horrifiés. Je trouve que ça aurait du sens. Je souffre de l'absence de rites, je voudrais en inventer d'inédits, de flamboyants. Il faudrait fêter les morts dans la démesure. Se souvenir du temps où on était si heureux et on ne le savait même pas. Célébrer ce qui dure.

L'église Saint-François de Molitor est moderne et lumineuse, il y a beaucoup de monde. Et nous, on est tous là serrés sur les rangs réservés à la famille et rien que de nous voir tous ensemble me donne envie de pleurer. À côté de mon père grand, droit, ma mère, cette femme si forte et si décidée, est une personne minuscule. Si je la touche, elle va se dissoudre. Ils forment un couple indissociable. Ils sont ensemble du plus profond de leur être. Ils sont élégants. Ils sont dignes et, c'est bizarre d'écrire ça, n'est-ce pas, mais mon frère nous a rendus beaux cette après-midi. L'amour qu'on avait pour lui nous a conféré une petite grâce, Florence, Juliette, François, arrivés de Montréal, Caroline, Bruno, Colomba, Paloma, Bianca, Lorenzo, Chloé, Emmanuel, Félicie, Violette, Hippolyte, mes fils Basile, César, Balthazar et mon mari Jean Marc. On est ensemble reliés par notre part manquante. Notre amour est aussi concret qu'un caillou.

Juliette, la fille d'Alex et Florence, nous éblouit tous par son éclat, l'intensité de ses sentiments mis à nu sur son beau visage, sa profondeur.

Delphine est là, tout près. Mes amies du journal s'installent au premier rang. Elles forment une farandole de petites silhouettes découpées dans du papier. Nathalie, Marion, Dorothée, Mapil, Florence, Jeanne, Flavie, Marie-Françoise, Laurence, Catherine, Sylvia et Édouard, le garçon de la bande. Les regarder, si présents, m'émeut. Je fixe le vide. Le prêtre fait un étrange sermon, il parle du suicide sans en parler. Les mots n'arrivent pas jusqu'à mon cerveau. C'est seulement plus tard, sur le livret de la messe que mes sœurs ont confectionné avec tant de soin, que j'ai aimé cette lecture du Livre de la Sagesse :

« *Les âmes des justes sont dans la main de Dieu ; aucun tourment n'a de prise sur eux.*

« *Aux yeux de l'insensé, ils ont paru mourir ; leur départ est compris comme un malheur et leur éloignement comme une fin : mais ils sont dans la paix. Au regard des hommes, ils ont subi un châtiment, mais l'espérance de l'immortalité les comblait.*

« *Après de faibles peines, de grands bienfaits les attendent, car Dieu les a mis à l'épreuve et trouvés dignes de Lui.* »

Je prie de toutes mes forces je ne sais quel Dieu pour que ces mots soient vrais. Je trouve mon frère d'une dignité à toute épreuve.

Le 13 novembre au soir, il y a de la tranquillité dans l'air. Nous regardons des centaines de photos et de vidéos d'Alex sur l'ordinateur de Florence. On se gorge de lui vivant. Le voir bouger, danser, parler et sourire ne nous lamine plus mais nous réconforte. C'est doux, nous sommes dans une bulle. On remet le bonheur passé au carré.

Je reçois un texto bizarre de Nathalie sur mon portable : « Basile et les filles de Jean Marc sont chez vous ? » Ben non, pourquoi ? Et puis un texto de ma sœur aînée : « Ne vous inquiétez pas, Juliette et Bianca sont bien rentrées de chez leurs amis. » Des messages affolés, d'autres interrogatifs, d'amies du journal : « Qu'est-ce qu'on va faire dans *ELLE* ? » Ce sentiment de ne rien comprendre à nouveau.

On découvre sur Internet que des tueurs tirent sur les passants. Les spectateurs d'un concert au Bataclan sont pris en otage. Nous appelons nos grands enfants pour vérifier qu'ils sont en sécurité. La fille aînée de Jean Marc, Julia, s'est réfugiée dans une chambre d'hôtel dans le onzième arrondissement, Basile a pu rentrer chez lui à moto. Comme tout le monde, on allume la télévision. Tout se mélange dans une atmosphère de fin du monde, la chute d'Alex du haut d'un pont, ces gens sortant du Bataclan les mains sur la tête, ces pauvres hères prisonniers à l'intérieur. L'enfer, de nouveau, nous tombe sur la tête dans un fondu au noir.

Mon frère brille par son absence, nous devrions être en train de parler, lui à Montréal, moi à Paris, de cette tragédie en direct. Ces couches de malheur superposées me semblent surréalistes. Et pourtant, des hommes et des femmes sont en train de mourir à quelques stations de métro de notre appartement. Le monde s'était rétréci à la taille du cercueil de mon frère, il reprend ses dimensions. Redevenir perméables aux malheurs extérieurs nous rend un peu de notre humanité entamée.

Le lendemain, 14 novembre, dernier jour de Florence, Juliette et François à Paris avant leur retour rue Boyer, nous décidons de sortir quand même. Nous marchons sur le boulevard Saint-Germain étrangement désert en ce samedi matin. À l'Odéon, les salles de cinéma sont fermées. Les passants ont des gueules d'occasion. La ville est morte. Et nous on est

253

là avec notre peine en bandoulière sans plus savoir qu'en faire. On déjeune dans un restaurant italien pour une fois vide. Tout est mélangé. Le chagrin a envahi la ville et on ne sait plus très bien pourquoi on pleure.

Paris, hiver 2015

La mort n'efface pas la beauté, elle la rend hors de portée. Toute joie semble vaine.

Je ne veux ni oublier ni sombrer. Je cherche un espace vital où je pourrais chérir le chagrin et rire aux éclats, pour mes enfants. Pour que cette malédiction s'arrête. Sauve qui peut la vie pour mes trois fils.

Je les abreuve de paroles et de caresses.

J'emploie toutes mes forces à inventer des subterfuges.

Je remonte centimètre par centimètre, mes amis me font la courte échelle.

Je chasse les cons comme des mouches.

Je guette les signes. J'ai envie de retourner consulter ce fou de Franck capable de parler aux défunts.

J'apprends à vivre en bonne compagnie avec la mort, à inventer une nostalgie heureuse, à débarrasser la souffrance de tout ce qui pourrait non pas l'amoindrir, mais la salir : la culpabilité, les regrets, les remords.

J'essaie de transformer mon frère en ami imaginaire. Je lui parle, lui demande son avis, son goût si affirmé me sert de boussole, Alex est mon Jiminy Cricket.

Je cherche une colonne vertébrale dans la masse molle de la tristesse. « La gaieté est le secret des vaillants. » Cette phrase de Gonzague Saint Bris, écrivain foutraque, me trotte dans la tête. Mon frère savait être tellement gai, aussi.

La première fois que Jean Marc l'a rencontré, c'était à l'anniversaire de ma sœur Caroline. Elle avait quarante ans et le don d'organiser des fêtes magnifiques et chromatiques. La soirée était rose vif, même ce qu'on mangeait était rose et bon. Alex était arrivé de Montréal, frère prodigue venu du froid. Petite fille, j'avais toujours trouvé cette parabole dégueulasse et injuste. Et pourtant, après son départ pour Montréal, mes sœurs et moi lui avons naturellement accordé cette place. Nulle jalousie n'entrait dans cette répartition des rôles.

À un moment, Alex a disparu de la fête, parti dans quelque vestiaire ou arrière-salle, et il est revenu nu, avec juste sur le sexe une chaussette rose et les rubans de satin fuchsia décorant la table. Et il est arrivé, dansant, battant des bras comme s'il voulait s'envoler, avec ce sourire magnifique, jamais aux éclats, qui semblait toujours vouloir dire quelque chose d'autre. Et l'assemblée avait été saisie et prise de fou rire. Je me souviens encore de la tête de mon mari qui voyait mon frère pour la première fois ce soir-là. C'était Alex, mon frère prêt à tout pour donner plus d'intensité à chaque instant.

Je suis prête à danser toute nue pour faire rire mes fils.

S'efforcer d'être gaie malgré tout me semble être une ligne de conduite digne d'Alex. C'est éreintant mais nécessaire.

L'histoire ne s'arrête pas là, je voudrais raconter aussi la remontée de la mort vers la vie.

Ce 10 décembre 2015, mes sœurs, mes nièces, mon fils aîné, mon mari, nous retrouvons à la Gaîté-Lyrique pour assister au concert de la chanteuse québécoise Ariane Moffatt, en tournée en France. Sa sœur, Stéphanie, nous accueille comme de vieux amis. Sa vitalité teintée de sollicitude nous saute dessus pour ne plus nous lâcher. Dans la salle de spectacle, au sous-sol, nous regardons, l'air de rien, les issues de secours en pensant aux otages du Bataclan. On se demande si on va être émus, avec notre cœur fendu en deux dont on ne sait plus très bien comment il marche. La chanson a bercé notre enfance. L'été, lorsque nous descendions à Cannes dans la 504 marron glacé de notre père, nous passions les douze heures du trajet, du boulevard Beauséjour à l'avenue de Benefiat, à chanter avec conviction : « *La femme qui est dans mon lit / N'a plus vingt ans depuis longtemps.* » Nous en avons gardé une passion pour Serge Reggiani.

Quand Alex s'est installé à Montréal, il a pris l'habitude de nous envoyer de la variété québécoise, il faisait des CD pour papa, fan depuis toujours de Félix Leclerc, et on a tous fredonné : « *Je veux te dire que je t'aime / Voilà* » de Jean Leloup.

Ariane Moffatt a un peps incroyable, sa voix donne des frissons. Nous attendons le moment où elle va parler d'Alex, nous nous retenons de pleurer lorsqu'elle entame une chanson pour son ami français disparu trop tôt. L'artiste québécois Pierre Lapointe la rejoint, coiffé d'un drôle de petit chapeau, ainsi qu'Albin de la Simone portant une chapka. Tous les trois entonnent « Nos joies répétitives » et ces paroles si bien choisies ont le pouvoir d'attendrir la peine :

« *Quand les doutes arrivent / Que la honte récidive / Nos joies répétitives / Savent nous rassurer / On met du noir, du bleu, pour barbouiller nos yeux / Pour faire croire, même si c'est faux, qu'aujourd'hui on va mieux / On boit, on mange entre copains pour parler de nos habitudes / Celles d'hier, celles de demain, pour comparer nos solitudes… »*

Je suis sûre que, sur ce morceau, à écouter sur YouTube, on distingue nos voix étranglées criant de gratitude. Mes sœurs et moi, nos solitudes se confondent en cet instant quand parfois elles se heurtent et fabriquent des étincelles, à nos cœurs défendant, attisant les peines de chacune. Ce soir-là, nos désespoirs se sont annulés les uns les autres. La joie était de nouveau autorisée.

Paris, Noël 2015

Le chagrin est une traversée, il faut nager jusqu'à atteindre une rive inconnue, au milieu d'îles et d'écueils. Noël semble un sacré obstacle à franchir. Aucun adulte n'a le cœur à faire la fête, mais les enfants, si. Et puis, de toute façon, la vie est foutue, c'est trop tard, alors quoi, on devrait se couvrir la tête de cendres ? Tous pleurnicher les papattes en rond ? On a de la ressource, Alex nous a laissé ça aussi. On déterre la fantaisie qui sommeille au fond de nous. Caroline a le sens de la fête, Chloé, à sa façon sérieuse, celui de la démesure. On réinvente le 24 décembre. On se déguise, clin d'œil à notre frère. Les petits portent des perruques dorées, mes nièces brillent de mille paillettes, avec son collant brillant Basile ressemble à un patineur artistique soviétique d'avant la chute du Mur, j'ai acheté un masque de George Clooney pour mon mari, et un de Johnny Hallyday pour mon beau-frère. Et malgré nos cœurs en céramique brisée, on s'en sort. On est heureux d'être ensemble, on a réussi.

Le 26 décembre, Jean Marc et moi et nos six enfants réunis partons retrouver Florence, Juliette et François à Rio. Pourquoi le Brésil ? Parce que mon mari veut me sauver. Parce que je veux sauver Florence et ses enfants. Pour savoir si nous pouvions être émus par de nouveaux paysages, il nous fallait de la chaleur et du bleu. Pas le bleu des nuits où la mélancolie compte double, mais celui, transparent, de la mer dans laquelle se laver de la désolation. Alors, on a cassé nos tirelires et pris le large.

La maison est incroyable, posée sur l'eau, on dort, on nage, on navigue au milieu d'îles désertes, on s'achète des strings brésiliens, on voit des dauphins partout, on sanglote, on goûte tous les parfums de la caïpirinha, on se gave de fruits exotiques dont on ignore les noms, on court sous la pluie tropicale à Parati, on tombe par hasard, lors d'une promenade en bateau, sur une maison posée sur le rivage, dont l'architecture, souvent célébrée dans les magazines de décoration, fait rêver Florence depuis des années ; on y voit un signe, on sent Alex pas loin. On regarde les oiseaux. Juliette sort de l'adolescence, flotte entre deux eaux, mélancolie et émerveillement, ressemble à un papillon ignorant encore quand il va s'envoler.

Nous ne sommes plus hermétiques à la beauté du monde.

La nuit du 31 décembre, premier 1er janvier sans Alex. Habillés de blanc selon la coutume brésilienne, nous sommes assis sur un ponton, entourés d'océan et de feux d'artifice. Nous pleurons en formulant nos vœux pour 2016. Florence souhaite qu'Hillary Clinton soit élue présidente des États-Unis. À minuit, nous plongeons tout habillés dans la mer chaude. Je ne crois pas qu'on puisse parler de bonheur, mais, au moins, nous avons renoué avec des émotions autres que le chagrin, des sensations douces. On sait de nouveau nager.

Un mail de bonne année de mon père :

Je pense que nos chagrins ne sont pas très différents. Et ce n'est pas facile de supporter cette absence. Certains m'ont dit qu'on pouvait être à la fois triste et heureux : j'ai tendance à le croire et c'est ce que je te souhaite pour l'année 2016 : de petits instants de bonheur entremêlés avec notre peine. Peut-être savais-tu qu'Alexandre s'occupait beaucoup d'un clochard qui vivait près de chez lui : chaque matin, il s'arrêtait pour lui parler et aussi, bien sûr, il lui donnait régulièrement un peu d'argent. Quand le clochard a appris le décès d'Alexandre, il a été, paraît-il, bouleversé. Je te raconte ça parce que, le 31 décembre, j'ai rencontré un SDF (très « propre », pas un clochard). Nous avons discuté et je lui ai aussi donné un peu d'argent. Nous étions debout tous les deux et, pour me remercier, il m'a carrément pris dans ses bras dans une accolade chaleureuse : j'ai vraiment eu l'impression qu'Alex m'envoyait un petit signe !

Je t'aime et t'embrasse affectueusement ainsi que tous autour de toi.

Papa

Paris, janvier 2016

J'aime l'hiver, de même que l'été, cette saison autorise l'oisiveté. On n'est pas obligé de sortir, s'agiter, on peut rester chez soi regarder le feu dans la cheminée. Dans la rue, en janvier, les filles portent toutes des chaussures neuves, de couleurs inhabituelles si on les observe bien, sans doute parce que les noires ou les marron n'étaient pas soldées. En ce début d'année, je marche au milieu de passantes aux bottes rouges, je compte mes pas sur mon téléphone, j'avance à grandes enjambées pour semer la désolation.

De nouveau, un livre me submerge, *La douleur porte un costume de plumes*, de Max Porter. À Londres, un veuf terrassé de chagrin tente de continuer de vivre avec ses deux petits garçons. Débarque chez eux un corbeau – tiens tiens ! – dont la brutalité et le cynisme cachent un programme de guérison bizarroïde. Et au bout, il y a le calme, il y a l'écriture :

« Elle me manquait tant que je voulais construire un mémorial de trente mètres de haut avec mes seules mains. Je voulais la voir, dans un immense trône de pierre en plein Hyde Park, admirant le paysage. Tous les passants comprendraient combien elle me manque. Combien le manque est physique. Elle me manque tant, c'est une immense stèle d'or, une salle de concert, un millier d'arbres, un lac, neuf mille bus, un million de voitures, vingt millions d'oiseaux, et plus encore. »

Un oiseau noir dont j'ignore l'espèce vient jouer avec la ficelle du store de la fenêtre de mon bureau. Je tente de le photographier. Sa visite me réconforte. Je le guette le matin, c'est complètement idiot, mais pas plus que de manger du boulgour.

Paris, 11 janvier 2016

À la radio, les informations du matin sont interrompues par l'annonce de la mort de David Bowie. J'ai toujours trouvé bizarre de pleurer des gens qu'on ne connaissait pas, ces larmes sont salées d'indécence. Chacun sa place, chacun son chagrin et les morts seront bien gardés. Mais, depuis le 14 octobre, un rien suffit à réveiller ma peine. Un tissu qu'on n'en finit jamais d'essorer.

Bowie, sa mort me fracasse. Il était le héros de mon frère. Avec son ami d'enfance, Pierre, ils portaient des appareils dentaires, étaient fans à la manière de jeunes filles en fleurs, connaissaient par cœur ses chansons, collectionnaient ses vinyles, assistaient à ses concerts, que dis-je, à ses cérémonies initiatiques. Alex tient de la rock star son goût des déguisements et des métamorphoses.

Bowie qui disparaît, c'est mon frère qui meurt encore plus. Dès l'annonce, Chloé m'envoie un message : deux guitares, trois notes de musique et ces mots : « Alex va retrouver son idole de jeunesse. Des baisers. » À *ELLE*, je regarde le clip de « Lazarus » dix fois de suite au lieu de travailler. Je suis hypnotisée, troublée par la manière follement précise avec laquelle Bowie avait préparé sa sortie et par les paroles de la chanson : « *Regarde là-haut, je suis au paradis* [...] / *Tu sais que je serai libre / Comme cet oiseau bleu.* »

Si ce n'est pas un signe, c'est donc mon frère.

L'image de Denis Lavant dans le long plan-séquence de *Mauvais sang*, le film de Leos Carax, courant à toute allure sur l'air de « Modern Love », se superpose à celle de mon frère pédalant sur son vélo vers le pont Jacques-Cartier et avec celle d'ET s'envolant dans le panier posé sur le guidon d'un vélo à la fin du film de Spielberg.

Mon frère nous donne des ailes.

Paris, 14 janvier 2016

Chaque 14 du mois rembobine le chagrin, qui élance de nouveau, avec l'intensité du premier jour. Une morsure. En même temps, le 14, je ne pense qu'à mon frère, j'aime cette habitude, et je redoute par-dessus tout le 14 où j'oublierai qu'on est le 14.

En fin de journée, certaine que Florence et les enfants ne sont pas chez eux, j'appelle rue Boyer, pour entendre la voix d'Alex sur le répondeur.

Je guette des traces, chasseur solitaire.

Un ouragan s'approche des Açores, annonce Thomas Sotto sur Europe 1 ce matin. C'est la première fois depuis 1938 (date de naissance de notre père) qu'un phénomène de ce type naît dans l'Atlantique Nord en janvier, tout à fait hors saison, et au-dessus d'eaux océaniques théoriquement trop froides, si j'ai bien compris.

« Et cet ouragan s'appelle Alex », conclut le journaliste.

Mon frère qui est aux cieux.

Portland, février 2016

Florence part pour Portland se faire tatouer un oiseau posé sur les fleurs gravées du vivant de son mari. Elle est dans le taxi, ralentie par des embouteillages, en retard pour son rendez-vous avec la tatoueuse, celle-là même qui avait dessiné le premier bouquet de Florence, mais aussi le tigre et le serpent sur le bras d'Alex quelques jours avant sa mort.

Le trafic est perturbé par un meeting de Bernie Sanders, candidat américain à l'élection présidentielle. Au moment où le stylet imprime l'oiseau sur le bras de ma belle-sœur, un volatile s'introduit dans la salle de conférences de l'homme politique, atterrit sur son pupitre. Et refuse d'en bouger. Le meeting doit être interrompu quelques instants, le temps qu'on parvienne à le faire sortir.

L'oiseau fera les grands titres des journaux le lendemain.

Mon frère farceur.

Paris, 16 mars 2016

Aujourd'hui, c'est l'anniversaire de mon frère. Alex n'aura jamais quarante-sept ans. C'est pire qu'un 14, réveil plombé, comment vais-je me sortir de ce mercredi ? Dans notre famille, on fête les anniversaires avec un gigantesque tralala de bougies, de gâteaux, de cadeaux jusqu'à ce qu'on meure. C'est sacré pour ma mère, c'est sa manière de nous dire qu'elle nous aime.

« Mes sœurs, je vous embrasse comme je vous aime », textote Caroline le 16 mars au matin, avec un cœur, un smiley en larmes et un maharadjah. « Caro que vient faire ce maharadjah dans l'histoire ? » répond Chloé avec un clin d'œil, tandis que je leur envoie « Putain de *bad day* », avec trois crottes. « Nettement plus clair, enchaîne Chloé. Il fait beau, prenons-le comme un signe, ils font la fête là-haut, dommage qu'on ne soit pas invitées. »

Le soir finit par tomber, Caroline m'appelle, elle arrive du cimetière de Châtenay-Malabry.

— Qu'est-ce que tu as été faire là-bas ?

— C'est le seul cimetière où je connaissais quelqu'un, ma belle-mère y est enterrée. J'ai d'abord longtemps cherché la tombe d'un homme qui se serait appelé Alexandre, mais je n'en ai pas trouvé, alors j'ai cherché un mort né en 1969, comme lui, mais je n'en ai pas trouvé non plus. Il faisait très froid, j'ai déposé mon camélia sur une tombe sans nom, elle avait l'air abandonnée et une plaque indiquait seulement : « À mon ami ».

— Mais tu es devenue zinzin !

— Ben non, c'est normal.

Comment ma sœur aînée, centralienne, la personne la plus sensée de la famille, sur laquelle on compte dans les pires circonstances, a-t-elle pu faire un truc aussi fou ? Je l'imagine, errant parmi les tombes, son camélia sous le bras, transie de froid, et cette image me bouleverse. Et me plaît. Peut-être qu'Alex nous a laissé cette liberté, l'autorisation d'être un peu dingue.

Ma mère poste sur Facebook une photo d'elle tenant dans ses bras son fils nouveau-né. Je la trouve épatante.

Mon frère rassembleur.

Montréal, 21 mars 2016

La ronde des anniversaires se poursuit. Je retourne rue Boyer fêter les cinquante ans de Florence.

Je m'installe au bureau de mon frère, le cendrier est encore plein, je me retiens de mordre dans ses mégots. Je me dis qu'on devrait les congeler dans un petit sac en plastique, afin de garder à jamais le goût de ses lèvres. Je sais que c'est dément, mais je pense sérieusement à le faire.

Je parcours ses carnets et ses idées noires : « *La liberté, c'est de ne pas avoir peur* », Nina Simone.

Et ces mots de lui : *J'aime penser que je peux tout quitter en un instant. Un peu comme un animal blessé qui se met à l'abri pour panser ses plaies. Au bout d'un moment, il se sent prêt à reconquérir sa vraie vie.*

Je sors marcher, entre chez Jean Coutu, cette chaîne de supermarchés québécoise *où on trouve tout, même un ami* – Alex aimait nous répéter ce slogan. J'échoue à la librairie où il traînait. Et, sur le mur où les clients notent leurs coups de cœur, à côté du prénom Alex écrit à la craie, je découvre ces mots.

« Lève la tête, mon frère ! »

Je suis abasourdie et heureuse. Je marche dans les pas d'Alex avec des ailes aux pieds.

La fête d'anniversaire de Florence nous emporte, les amis au grand cœur nous entourent, barrière de sécurité contre le blues susceptible de surgir à chaque minute de cette soirée particulière. Mais non. Je suis étonnée de ce que nous vivons. Notre bonheur n'est pas déplacé, au contraire. Pour la première fois depuis le 14 octobre, j'éprouve le sentiment que la douleur logée à jamais dans nos organes est capable aussi de teinter la joie retrouvée d'une intensité inédite. Nous rions aux étoiles, nous dansons, le vertige est proche, mais nous sommes debout parmi les debout.

Nous ne sommes plus tristes à en mourir, juste tristes à en vivre. On s'habitue au couteau planté dans les tripes.

Mais, merde, pourquoi Alex n'est-il pas chez lui ?

273

Où es-tu, mon frère ?

Florence et moi redoutons que, le temps passant, et sans nouvelles de nous, un employé n'ait emporté l'urne de marbre blanc restée au salon funéraire au fond d'une banlieue de Montréal, d'un cagibi et d'une armoire sans air.

Nous mettons nos bonnets et nos bottes à la recherche d'Alex. Le salon Alfred Dallaire est rempli de monde, une cérémonie, mais nous nous glissons parmi les invités endeuillés et tombons sur une géante, posée sur les pieds les plus grands de la terre et de ses environs. Cette dame, sortie d'un roman de Roald Dahl, se révèle exquise. Ou simplement Québécoise, avec du cœur et du naturel, rien que de très habituel ici. Elle se souvient de Florence, elle se souvient de mon frère. Justement, la semaine dernière, elle a remarqué son urne dans le placard et, allez savoir pourquoi, elle l'a déplacée, l'a remise devant, à portée de vue.

Ouf, il est là, cette présence nous donne un plaisir absurde. On est au bord de demander à le voir, pour lui dire bonjour, mais on n'ose pas, d'autant que la conversation devient franchement burlesque lorsqu'on interroge la dame sur la manière de rapatrier l'urne en France.

— Il faut obtenir l'autorisation à l'ambassade de France. À l'aéroport, vous n'avez pas le droit d'enregistrer l'urne en soute, il faut la garder avec vous.

Je nous imagine, Alex sur nos genoux, coincé sous le plateau-repas, entre un jus de tomate et *Bridget Jones 3, the baby*, et cette situation loufoque me plaît.

Je suis devenue cinglée, je me verrais très bien poser mon frère sur la cheminée, regarder avec lui *Le Bureau des légendes*, il adorerait, et lui dire bonsoir avant d'aller me coucher, idée que j'aurais trouvée absolument épouvantable avant le 14 octobre.

J'aime que les morts fassent partie de nos vies de toutes les manières possibles, drôles et folles. Il faut entretenir le lien avec ceux qu'on ne voit plus, alors pourquoi ne pourrait-on pas lire un roman, à haute voix, à une urne pleine de cendres.

— Moi ce que je vous conseille, poursuit la géante, ce serait plutôt de le transvaser dans une bouteille de Coke et de le faire voyager incognito. Et puis, si on vous demande quelque chose, vous n'aurez qu'à dire que c'est du sable que vous rapportez de Cuba, par exemple.

Alors là, ma dinguerie a ses limites car je n'arrive pas à m'imaginer transvaser les cendres, avec une cuillère, dans une bouteille de Coca-Cola. On la remercie beaucoup du conseil mais on va plutôt faire une demande officielle. Rassérénées de savoir qu'Alex vit sous la protection de cette dame formidable, nous lui disons au revoir.

Paris, 26 mars 2016

Jim Harrison est mort. Un bon compagnon de beuverie, l'idée me fait plaisir.

« *L'homme est perdu s'il ne prend pas la peine d'améliorer sa propre nature. Cultivez le désir de mystère, le romantisme dans la vie, évitez la merde, la banalité, les médias et le bruit des motos.* »

Le 21 avril, le chanteur Prince s'éteint aussi. Depuis un moment, les gens meurent plus que d'habitude.

Paris, printemps 2016

Est-ce que mon frère m'aimait ? Est-ce qu'il pensait souvent à moi ? Ces questions sans fond sont un piège. D'autant qu'elles sont de la fausse monnaie, il faut penser à l'envers pour y voir juste : est-ce que moi, je l'ai assez aimé ? Je regarde mon petit autel sur mon bureau : le A en plastique noir, un oiseau rouge offert par une amie peu de temps avant sa mort, l'image de la Sainte Vierge donnée par Monica, tellement kitsch qu'il l'aimerait, un galet doux sur lequel il avait écrit : « On vous aime ! » Et, au milieu, sa photo, mon guetteur mélancolique.

« Cela ne te semble pas bizarre d'écrire ? » me demande-t-on parfois. Cela me semble bizarre d'écrire sur mon frère mort. Ce livre n'aurait jamais dû exister. Je me force à continuer pour transformer Alex en une créature de papier. Je suis son obligée.

En exergue de ses nouvelles, Salinger – dernier auteur posé sur la table de nuit d'Alex – cite un proverbe zen : « On connaît le bruit de deux mains qui applaudissent. Mais quel est le bruit d'une seule main qui applaudit ? » C'est ce bruit-là que je guette, il me semble coller parfaitement à la vie de mon frère.

La Croix-Valmer, été 2017

Florence est arrivée de Montréal avec tes cendres dans la boîte en carton de la bougie grand format offerte par François et Juliette pour ses cinquante ans. Elle m'avait juste prévenue, l'air de presque rien, quelques jours auparavant, par téléphone. Cette décision n'avait rien d'officiel, elle ne provenait pas d'une concertation, juste un souhait de Juliette, et le sentiment qu'il fallait faire quelque chose. Nous n'allions pas te laisser dans la penderie d'un salon funéraire *ad vitam æternam*.

Ce jour où l'on va disperser tes cendres n'est pas un point final, plutôt un point d'exclamation ou d'interrogation.

Où es-tu, mon frère ?

Un peu dans ce petit tas de cailloux que nous allions semer au vent, chaque jour davantage en nous. De là où tu es, tu nous consoles.

Nous avons respecté tous les rituels, acheté du champagne rosé au Spar du village, des tomates, des melons et des chips pour le pique-nique. Et nous sommes partis en bateau vers cette crique, pas très loin de Brégançon, où les galets sont si blancs qu'on les croirait en marbre. Mais quand on les rapporte à Paris, ils ne sont que des pierres comme les autres.

Il y a trois ans, nous avons connu une journée idéale sur ce rivage. Une photo te montre en maillot, un masque et un tuba sur la tête, peut-être des palmes aux pieds, une bouteille de champagne à la main. Tu faisais le clown. Tu répandais de l'allégresse. Et, comme la joie n'émanait plus de toi qu'en pointillé cet été-là, nous nous étions gavés de ce bonheur, peut-être fugitif.

Nous avions tous éprouvé ce sentiment d'une perfection. Pour cette réminiscence, sans en parler davantage, on savait que c'était ici que tu devais reposer. Il fallait que tu sois là où tu avais été heureux une dernière fois. Dans l'eau transparente. Un ciel sans un nuage. Parmi les oiseaux. En liberté.

Juliette et Basile étaient concentrés, ma filleule écharpée belle, mon fils aîné dont l'allure et les traits te ressemblent en vieillissant, cela m'enchante. Les enfants étaient excités, curieux de ce qui allait se passer. Pas de

tristesse, de l'intensité. On était tous drôlement impressionnés quand même. Recueillis
chacun à sa façon. Émus. L'impression d'une
fulgurance. J'avais bêtement imaginé que tes
cendres tomberaient au fond, d'un coup, mais
non, une partie coulait et une autre flottait à
la surface, une fine couche s'envolait même et
se collait sur nos lunettes de soleil. On voyait
avec tes yeux. Chacun son tour, on a jeté tes
cendres au vent, même les enfants. Je me disais
qu'ils se souviendraient de ce moment quand
ils seraient de très vieux messieurs. Que c'était
magnifique. Que tu les rendrais forts. Qu'ils ne
t'oublieraient jamais, même quand on ne serait
plus là pour leur parler de toi. Que la malédiction de la mélancolie était rompue. Tout était
si naturel. Aucun sentiment inconvenant n'a
brisé la plénitude de ce moment splendide.
Nous n'avions pas besoin de prêtre pour savoir
qu'il était sacré.

À la surface de la Méditerranée scintillante,
tes cendres ondulaient vers la plage et cela
me plaisait que tu reposes sur ces cailloux de
marbre. On pourrait venir te voir chaque été.
Et puis, mue par un sentiment plus fort que
tout, j'ai plongé et j'ai nagé dans tes cendres.
Jamais je n'aurais imaginé une chose pareille et,
si je le lisais dans un roman, j'en serais peut-être
choquée. J'ai nagé dans tes cendres et j'en ai

éprouvé un sentiment de proximité et de joie extraordinaire. J'avais enfin trouvé le moyen fou de te célébrer, à ta démesure. J'étais avec toi et je savais, par ce geste hors du commun, mais dénué de toute morbidité, je le jure sur la tête de mes fils, que je serais toujours avec toi. Et pas dans la tristesse. Tu as sauté dans le vide parce que tu pensais que c'était la meilleure chose pour toi. J'y croirai jusqu'à la fin de mes jours. Le néant ne t'a pas englouti. Je sais où tu es dorénavant : tu es en nous.

Sur le chemin du retour, un dauphin a surgi du bleu, pas très loin du bateau, puis un autre, et encore un autre. Nous étions suspendus à leurs apparitions gracieuses, toujours au moment où on ne s'y attendait pas. Nous avons arrêté le moteur pour les regarder sauter autour de nous, c'était la première fois qu'on en voyait à cet endroit. Nous aurions voulu que ce moment ne s'arrête jamais.

Tu ne nous as pas abandonnés. Tu t'es arrangé pour laisser une empreinte si forte dans nos existences qu'elle nous a empêchés de sombrer et qu'elle a fini par nous transcender. Ton existence est indélébile. Tu n'as pas fini de respirer en nous. Ta mort nous a rendus vivants.

Le Livre de Poche s'engage pour
l'environnement en réduisant
l'empreinte carbone de ses livres.
Celle de cet exemplaire est de :
200 g éq. CO_2
Rendez-vous sur
www.livredepoche-durable.fr

PAPIER À BASE DE
FIBRES CERTIFIÉES

Composition réalisée par PCA

Achevé d'imprimer en France par
CPI BRODARD & TAUPIN (72200 La Flèche)
en juin 2019
N° d'impression : 3034117
Dépôt légal 1re publication : septembre 2019
LIBRAIRIE GÉNÉRALE FRANÇAISE
21, rue du Montparnasse – 75298 Paris Cedex 06